독자의 1초를 아껴주는 정성!

세상이 아무리 바쁘게 돌아가더라도
책까지 아무렇게나 빨리 만들 수는 없습니다.
인스턴트 식품 같은 책보다는
오래 익힌 술이나 장맛이 밴 책을 만들고 싶습니다.
길벗이지톡은 독자여러분이 우리를 믿는다고 할 때 가장 행복합니다.
나를 아껴주는 어학도서, 길벗이지톡의 책을 만나보십시오

독자의 1초를 아껴주는 정성을 만나보십시오.

(주)도서출판 길벗 www.gilbut.co.kr
길벗 이지톡 www.gilbut.co.kr
길벗 스쿨 www.gilbutschool.co.kr

미국 58개 프랜차이즈에서
막힘없는 주문·쇼핑 영어회화

진저(Jinger Cho)지음

Ready to Order? 주문하시겠어요?

초판 1쇄 발행 · 2025년 10월 20일

지은이 · 조향진(진저, Jinger Cho)
발행인 · 이종원
발행처 · (주)도서출판 길벗
브랜드 · 길벗이지톡
출판사 등록일 · 1990년 12월 24일
주소 · 서울시 마포구 월드컵로 10길 56(서교동)
대표 전화 · 02)332-0931 | **팩스** · 02)323-0586
홈페이지 · www.gilbut.co.kr | **이메일** · eztok@gilbut.co.kr

기획 및 책임 편집 · 김지영(jiy7409@gilbut.co.kr) | **디자인** · 강은경 | **제작** · 이준호, 손일순, 이진혁
영업마케팅 · 차명환, 장봉석, 최소영 | **유통혁신** · 한준희 | **영업관리** · 심선숙 | **독자지원** · 윤정아

교정교열 · 이경은 | **전산편집 · 기본기획** | **녹음 및 편집** · 와이알미디어
CTP 출력 및 인쇄 · 예림인쇄 | **제본** · 예림인쇄

- 길벗이지톡은 길벗출판사의 성인어학서 출판 브랜드입니다.
- 잘못 만든 책은 구입한 서점에서 바꿔 드립니다.
- 이 책은 저작권법에 따라 보호받는 저작물이므로 무단전재와 무단복제를 금합니다.
- 이 책의 전부 또는 일부를 이용하려면 반드시 사전에 저작권자와 (주)도서출판 길벗의 서면 동의를 받아야 합니다.
- 책 내용에 대한 문의는 길벗 홈페이지(www.gilbut.co.kr) 고객센터에 올려 주세요.

ISBN 979-11-407-1512-1 03740(길벗 도서번호 301182)
ⓒ Jinger Cho, 2025
정가 22,000원

독자의 1초를 아껴주는 정성 길벗출판사
(주)도서출판 길벗 | 길벗IT단행본, 성인어학, 교과서, 수험서, 경제경영, 교양, 자녀교육, 취미실용 www.gilbut.co.kr
(주)길벗스쿨 | 국어학습, 수학학습, 주니어어학, 어린이단행본, 학습단행본 www.gilbutschool.co.kr

유튜브 · @GILBUTEZTOK | **인스타그램** · gilbut_eztok | **네이버포스트** · gilbuteztok

(머리말)

프랜차이즈/체인에서 영어만 잘해도, 여행의 절반은 해결된다.

미국 여행을 준비하다 보면 즐거운 상상만큼이나 고민도 많아집니다. 어디서 밥을 먹을까? 어디에 머물고, 뭘 사야 할까? 검색을 해보면 수많은 맛집과 로컬 숍들이 눈에 띄지만, 낯선 메뉴, 생소한 분위기, 그리고 익숙하지 않은 영어가 겹치면 그 설렘이 부담으로 바뀌기도 하죠.

여행 얼마 전에 급하게 영어 공부를 한다고 해서 갑자기 실력이 확 느는 건 아닙니다. 언어는 시간이 필요한 법이니까요. 하지만 그렇다고 여행 내내 영어 때문에 위축되어 있어야 할까요?
사실 여행 중 필요한 영어는 의외로 단순합니다. 현지 식당에서 메뉴를 고르고, 마트에서 필요한 물건을 찾고, 렌터카를 빌릴 때 보험을 고르고, 호텔에서 체크인을 하고, 계산서 오류를 바로잡는 정확한 한마디가 중요하죠. 복잡한 문장이 아니라요. 그리고 이런 순간들이 가장 자주 일어나는 장소, 바로 '프랜차이즈'입니다.

미국은 프랜차이즈의 나라예요. 식당, 카페, 드럭스토어, 화장품 매장, 렌터카, 호텔까지 어느 도시를 가든 프랜차이즈가 생활의 중심이죠. 품질이 일정하고, 시스템도 예측 가능하고, 무엇보다 처음 가더라도 실패 확률이 낮은 곳입니다.
하지만 그 익숙한 공간조차 영어 한마디가 막히면 낯설고 긴장되는 장소가 되곤 하죠. 햄버거 하나 주문하려다 내가 싫어하는 토핑이 들어가고, 계산서에 잘못된 금액이 찍혔는데 말 한마디 못하고, 리필 한 번 요청하기가 어렵게 느껴질 수 있죠.

이 책은 그런 분들을 위해 만들어졌습니다. 단순히 '주문하는 법'만이 아니라, 프랜차이즈라는 현실적인 장소에서 당당하게 주문하고, 요청할 수 있는 영어를 담았습니다.
상상해보세요. 뉴욕 스타벅스에서 시크릿 음료 '오징어게임 프라푸치노'를 주문하고, 서브웨이에서 꿀조합 샌드위치를 추천받아 싫어하는 재료는 쏙 뺀 나만의 메뉴를 만들고, 치폴레에서는 자신 있게 커스터마이징에 도전해보는 나.
트레이더 조에서 잘못 계산된 제품 환불을 요청하고, 폴로에서 맞지 않는 셔츠의 사이즈를 교환하고, 크록스에서 낡은 신발을 내밀며 리워드를 받는 나. 이게 바로 '실전 영어'의 자신감입니다.

이 책은 미국 여행 중 누구나 반드시 들르게 되는 대표 프랜차이즈/체인 58곳을 엄선해 다뤘습니다. 음식점뿐 아니라, 렌터카, 호텔, 대형 마트, 약국, 뷰티숍, 아울렛, 스포츠 스토어, 그리고 미국판 다이소까지. 여행의 절반 이상을 차지하는 공간들입니다. 각 브랜드에서 실제로 쓰이는 영어 표현, 추천 메뉴와 조합, 꿀팁까지. 여행자에게 꼭 필요한 내용을 가득 담았습니다.

영어로 된 메뉴판만 봐도 막막한 분들, 계산이나 환불이 불편한 분들, 영어 앞에서 자꾸 작아지는 자신이 아쉬운 분들에게 이 책이 작지만 확실한 용기가 되기를 바랍니다.

꼭 여행이 아니어도 괜찮아요. 미국 브랜드를 좋아하고, 영어를 재미있게 배우고 싶은 분들도 이 책으로 가상의 미국 여행을 충분히 즐기실 수 있을 거예요. 미국에 12년 동안 살면서 익힌 실전 영어, 문화 차이, 그리고 현지에서 살지 않으면 알기 힘든 꿀팁까지 이 책에 꾹꾹 눌러 담았습니다.

영어에 자신 없어도 여행은 할 수 있어요. 하지만 필요할 때 영어 한마디를 할 수 있다면, 여행의 질은 완전히 달라집니다. 잘 먹고, 잘 자고, 잘 사고, 잘 요청하는 것, 그게 여행의 핵심이라면, 그 시작과 끝을 책임질 영어, 이제 저와 함께 시작해 볼까요?

Jinger

목차

Coffee & Dessert

커피
스타벅스	012
던킨 도넛	020
파네라 브레드	028

아이스크림
배스킨라빈스	035
밴 앤 제리	041
데어리 퀸	048

도넛 & 빵
크리스피 크림	055
아인슈타인 브로스 베이글	063
앤티앤스	069

Fast Food

햄버거
파이브 가이즈	076
웬디스	082
컬버즈	089

샌드위치
써브웨이	095
파이어 하우스 서브	102
지미 존스	108

퓨전 멕시칸 & 할랄 음식
치폴레	115
타코벨	123
할랄 가이즈	130

Chicken & Pizza

치킨
칙필레	138
윙스탑	145
버팔로 와일드 윙	151

피자
리틀 시저스 피자	158
멜로우 머쉬룸	164

Breakfast, Brunch & Fine Dining

아침 & 브런치
아이합	172
데니스	179
퍼스트 와치	186

패밀리 레스토랑
치즈케이크 팩토리	192
올리브 가든	198
크래커 배럴	205

스테이크
롱혼 스테이크 하우스	212
텍사스 로드하우스	219

Car Rental & Hotels

렌터카
엔터프라이즈 228

호텔
힐튼 235
홀리데이 인 익스프레스 242

Supermarkets, Pharmacies & Shops

마트
월마트 250
타겟 256
트레이더 조 261

편의점 & 약국
세븐 일레븐 268
월그린스 275
CVS 281

달러 스토어
달러 트리 288
파이브 빌로우 294

Fashion & Beauty

패션
폴로 (랄프 로렌)	302
빅토리아 시크릿	308
코치	314
크록스	320

화장품
세포라	326
얼타 뷰티	333
배쓰 앤 바디 웍스	339

브랜드 아울렛
TJ Maxx	345
Nordstrom Rack	351

Books, Sports & Wine Shops

스포츠 용품
딕스	358
골프 갤럭시	365
룰루레몬	372

서점 & 장난감
반스 앤 노블	378
북스 어 밀리언	384
레고 스토어	390

와인
토탈 와인 앤 모어	396

미국의 팁 문화 Q&A   402

책 활용법

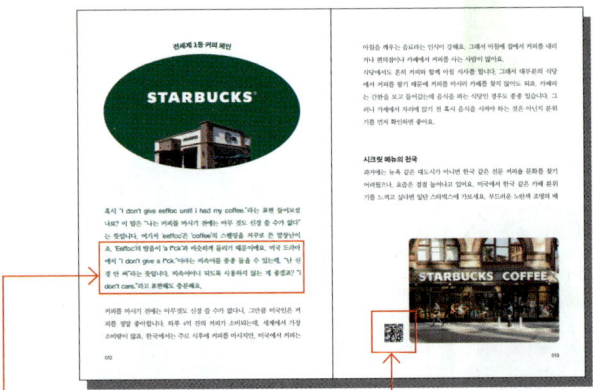

프랜차이즈/체인 이야기 속에서
알아두면 좋은 영어 표현을
색자로 표시했어요.

큐알 코드를 찍으면
현지 홈페이지나 인스타그램으로
이동합니다.

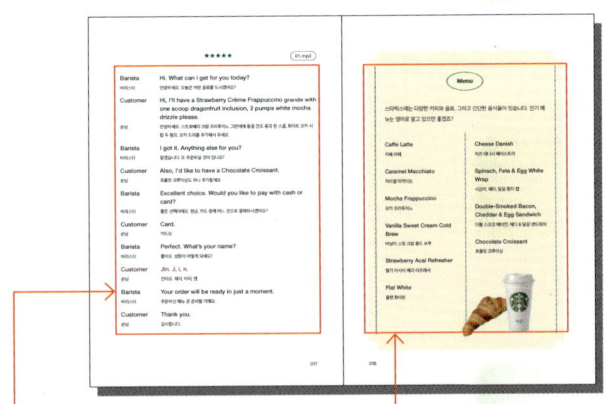

프랜차이즈/체인에서의 대화를
생생하게 담았습니다.
길벗 홈페이지에서 mp3를
다운로드하거나 바로 들을 수 있어요.

프랜차이즈/체인에서의
추천 메뉴를 소개합니다.

Coffee & Dessert

커피 | 스타벅스 | 던킨 도넛 | 파네라 브레드
아이스크림 | 배스킨라빈스 | 밴 앤 제리 | 데어리 퀸
도넛 & 빵 | 크리스피 크림 | 아인슈타인 브로스 베이글 | 앤티앤스

전세계 1등 커피 체인

혹시 "I don't give eeffoc until I had my coffee."라는 표현 들어보셨나요? 이 말은 "나는 커피를 마시기 전에는 아무 것도 신경 쓸 수가 없다"는 뜻입니다. 여기서 'eeffoc'은 'coffee'의 스펠링을 거꾸로 쓴 말장난이죠. 'Eeffoc'의 발음이 'a f*ck'과 비슷하게 들리기 때문이에요. 미국 드라마에서 "I don't give a f*ck."이라는 비속어를 종종 들을 수 있는데, "난 신경 안 써"라는 뜻입니다. 비속어이니 되도록 사용하지 않는 게 좋겠죠? "I don't care."라고 표현해도 충분해요.

커피를 마시기 전에는 아무것도 신경 쓸 수가 없다니, 그만큼 미국인은 커피를 정말 좋아합니다. 하루 4억 잔의 커피가 소비되는데, 세계에서 가장 소비량이 많죠. 한국에서는 주로 식후에 커피를 마시지만, 미국에서 커피는 아침을 깨우는 음료라는 인식이 강해요. 그래서 아침에 집에서 커피를 내리거나 편의점이나 카페에서 커피를 사는 사람이 많아요.

식당에서도 흔히 커피와 함께 아침 식사를 합니다. 그래서 대부분의 식당에서 커피를 팔기 때문에 커피를 마시러 카페를 찾지 않아도 되죠. 카페라는 간판을 보고 들어갔는데 음식을 파는 식당인 경우도 종종 있습니다. 그러니 가게에서 자리에 앉기 전 혹시 음식을 시켜야 하는 것은 아닌지 분위기를 먼저 확인하면 좋아요.

시크릿 메뉴의 천국

과거에는 뉴욕 같은 대도시가 아니면 한국 같은 전문 커피숍 문화를 찾기 어려웠으나, 요즘은 점점 늘어나고 있어요. 미국에서 한국 같은 카페 분위기를 느끼고 싶다면 일단 스타벅스에 가보세요. 부드러운 노란색 조명의 매

장에 들어가면 은은한 커피향이 나고, 많은 사람들이 노트북으로 작업하거나 친구들과 대화를 나누는 모습은 한국의 스타벅스와 매우 비슷하죠. 다만, 쿠션이 없는 나무 의자는 잠시 쉬기 좋지만, 오래 머물기에는 적합하지 않을 수 있어요.

스타벅스에서 음료를 주문하는 방식은 한국과 동일해요. 카운터에서 원하는 메뉴를 말하면 됩니다. 미국인들은 커스텀 음료를 훨씬 많이 마시는데요. 영어로 'custom'은 관습이라는 뜻이라, 이때는 'customize(주문 제작하다)'라는 표현을 써야 해요. 그래서 커스텀 음료는 영어로 'customized drink'입니다.

스타벅스에는 다양한 재료와 시럽, 그리고 두유, 아몬드 밀크 같은 우유 대체품이 여러가지 있습니다. 이를 바탕으로 약 17만 개 이상의 음료 조합이 가능해요. 미국 스타벅스에서 판매되는 음료 중 60%는 커스텀 메뉴로, 스타벅스가 높은 매출을 올리는 비결 중 하나이고 자부심도 엄청나죠. 스타벅스만큼 다양한 가짓수의 맞춤 음료를 제공하는 카페가 많지 않기 때문에, 가끔 맛 논란이 생기지만 미국 내 매출 1위 커피 회사의 자리를 굳건히 지키고 있습니다.

오징어 게임 프라푸치노 주문하기

다양한 커스텀 메뉴 중에서도 유명한 조합은 '시크릿 메뉴'라는 이름으로 레시피가 공유돼요. 주문하고 싶다면 구글에 'Starbucks secret menu'를 검색해 보세요. 정식 메뉴는 아니기 때문에 주문 시 메뉴 이름 대신 들어가는 재료를 구체적으로 알려줘야 합니다.

시크릿 메뉴 중에서 많은 사람들이 추천하는 'Squid Game Frappuccino (오징어 게임 프라푸치노)'를 주문하는 대화를 오른쪽에서 볼게요. 이름처럼 오징어 게임이 떠오르는 분홍색과 흰색이 어우러져 소셜 미디어에 사진을 올려도 예쁘고, 맛도 좋아 추천 시크릿 메뉴로 자주 언급되는 음료입니다. 딸기 베이스에 용과와 화이트 모카 시럽이 들어가 복합 오묘한 맛입니다. 설탕이 많이 들어가기 때문에 단 음료를 즐기지 않는 분에게는 추천하지 않습니다.

스타벅스에서 음료를 주문하면 컵에 이름을 적어줍니다. 특히 한국식 이름을 그대로 사용하고 있다면 바리스타에게는 익숙하지 않을 수 있으니 스펠링을 알려주면 도움 되겠죠? 이름이 Jin인데 Jean, Gin, Jen 등으로 틀리게 적어주는 경우가 흔해요.

★★★★★ 01.mp3

Barista — Hi. What can I get for you today?
바리스타 — 안녕하세요. 오늘은 어떤 음료를 드시겠어요?

Customer — Hi, I'll have a Strawberry Crème Frappuccino grande with one scoop dragonfruit inclusion, 2 pumps white mocha drizzle please.
손님 — 안녕하세요. 스트로베리 크림 프라푸치노 그란데에 동결 건조 용과 한 스쿱, 화이트 모카 시럽 두 펌프, 모카 드리즐 추가해서 주세요.

Barista — I got it. Anything else for you?
바리스타 — 알겠습니다. 또 주문하실 것이 있나요?

Customer — Also, I'd like to have a Chocolate Croissant.
손님 — 초콜릿 크루아상도 하나 추가할게요.

Barista — Excellent choice. Would you like to pay with cash or card?
바리스타 — 좋은 선택이에요. 현금, 카드 중에 어느 것으로 결제하시겠어요?

Customer — Card.
손님 — 카드요.

Barista — Perfect. What's your name?
바리스타 — 좋아요. 성함이 어떻게 되세요?

Customer — Jin. J, i, n.
손님 — 진이요. 제이, 아이, 엔.

Barista — Your order will be ready in just a moment.
바리스타 — 주문하신 메뉴 곧 준비될 거예요.

Customer — Thank you.
손님 — 감사합니다.

Menu

스타벅스에는 다양한 커피와 음료, 그리고 간단한 음식들이 있습니다. 인기 메뉴는 영어로 알고 있으면 좋겠죠?

Caffe Latte
카페 라떼

Caramel Macchiato
카라멜 마끼아또

Mocha Frappuccino
모카 프라푸치노

Vanilla Sweet Cream Cold Brew
바닐라 스윗 크림 콜드 브루

Strawberry Acai Refresher
딸기 아사이 베리 리프레셔

Flat White
플랫 화이트

Cheese Danish
치즈 대니시 페이스트리

Spinach, Feta & Egg White Wrap
시금치, 페타, 달걀 흰자 랩

Double-Smoked Bacon, Cheddar & Egg Sandwich
더블 스모크 베이컨, 체다 & 달걀 샌드위치

Chocolate Croissant
초콜릿 크루아상

커피 카테고리에 도넛 브랜드가 나와 의아하게 생각한 분들이 있을 거예요. 하지만 던킨은 미국에서 스타벅스 다음으로 잘나가는 커피 프랜차이즈로 1초에 60잔의 커피가 팔릴 정도로 대중적입니다.

미국 현지인에게 "어떤 커피를 좋아하느냐"고 물어보면 의외로 많은 분들이 던킨을 꼽아요. 스타벅스보다 던킨 커피가 더 맛있고 가격도 합리적이라고 하네요. 미국인들은 던킨 도넛을 'DD(더블 디)'라는 애칭으로 부르기도 해요.

던킨은 1950년대 미국 매사추세츠주에서 시작된 이후, 합리적인 커피 가격과 다양한 메뉴로 꾸준히 성장해 왔습니다. 모기업인 '인스파이어 브랜즈'가 배스킨라빈스, 지미 존스, 버팔로 와일드 윙스 등 여러 브랜드를 소유하고 있어, 던킨 매장이 베스킨라빈스와 함께 붙어 있는 모습을 자주 볼 수 있어요. 이럴 때는 도넛과 아이스크림을 동시에 맛볼 수 있어 일석이조랍니다.

미국의 패스트푸드점 상당수는 60~70%의 손님이 **drive-thru**(드라이브스루, 차에 탄 채 이용하는 점포)를 통해 주문한다고 알려져 있는데요. 던킨도 그렇죠. 그래서 오히려 드라이브스루 보다 매장에 들어가서 주문하는 편이 더 빠를 수도 있어요.

생맥주 대신 '커피 온 탭'?

던킨에는 기본 글레이즈드 도넛부터 먼치킨(Munchkins)이라는 작은 도넛볼, 보스턴 크림 도넛 등 클래식한 메뉴들이 있어요. 먼치킨은 영어로 '작은 사람, 어린 아이'라는 뜻이에요. 도넛 가운데의 빵 반죽이 애매하게 남아

만들었는데, 지금은 귀여운 미니 도넛볼로 자리 잡아 어린이, 어른 모두 즐겨 먹는 인기 메뉴죠.

미국 현지 던킨 도넛은 맛과 식감이 한국에서 파는 도넛과 달라요. 종류도 한국만큼 화려하지 않고요. 그래서 미국인들이 한국에 오면 도넛 퀄리티에 깜짝 놀란다고 합니다. 하지만 커피 맛은 뛰어난 편입니다. 던킨 본사에서는 커피의 맛과 품질을 확인하는 전문가들을 두는 등, 커피 퀄리티에 신경을 많이 쓰고 있어요.

던킨은 온 탭(on tap) 매장이 따로 있는데요, on tap은 맥주통의 맥주를 즉석에서 한 잔 따라 주는 개념인데 커피에 적용했죠. 맥주집에서 생맥주를 따르듯 더욱 신선한 커피와 음료를 제공하는 지점입니다. 여행 중 던킨 앱을 통해 온 탭 매장을 미리 확인하시면 색다른 체험이 되겠죠? 미국 던킨 앱은 회원가입을 하지 않아도 게스트 자격으로 이용 가능하며, 매장 메뉴판에 적혀 있지 않은 다양한 옵션(샷, 시럽, 우유 종류 등)을 보여주니 설치해 활용해 보세요.

날씨가 더울 때는 콜드 브루도 추천해요. 콜드 브루는 한정 수량으로 판매되며, 오랜 시간 천천히 추출하기 때문에 일반 커피 대비 카페인 함량이 높아요. 더운 날 얼음과 함께 마시면 콜드브루 특유의 향을 느끼면서 카페인 충전을 할 수 있어요.

50% 디카페인 커피와 스낵킹 베이컨 주문하기

던킨의 커피 메뉴에는 오리지널, 디카페인, 50% 디카페인(하프 디카페인) 같은 다양한 선택지가 있습니다. 'Decaffeinated'는 스펠링이 길어서 간단하게 'decaf'라고 줄여서 많이 사용합니다. Decaf coffee(디카페인 커피), decaf tea(디카페인 차) 등 카페인이 들어간 음료 앞에 붙여서 활용할 수 있어요.

커피에 우유를 넣을 수도 있고, 아몬드·오트 등 식물성 우유를 선택할 수도 있죠. 여기에 헤이즐넛, 바닐라 등 무설탕 향, 가당 시럽(swirl), 설탕 혹은 스테비아 등의 대체 감미료를 골라 추가할 수 있습니다. 이 옵션들은 메뉴판에 없기 때문에 앱이나 키오스크를 이용해서 확인해야 합니다.

50% 디카페인(half decaf) 커피에 우유, 헤이즐넛 향을 첨가한 커피와 스낵킹 베이컨을 시키는 대화를 오른쪽에서 볼게요. 50% 디카페인은 카페인이 부담되지만, 디카페인 커피는 싱거워서 아쉬운 분들에게 좋은 타협점이에요. 메이플 슈가 스낵킹 베이컨은 바삭한 베이컨에 달콤한 맛이 감도는 메뉴인데, 중독성이 강해 가끔씩 생각나는 별미랍니다.

★★★★★

02.mp3

Customer	Hi. I'd like a small hot coffee, half decaf with whole milk, add hazelnut shots, please.
손님	안녕하세요. 스몰 사이즈 핫커피를 주문하고 싶어요. 50% 디카페인에 (지방을 빼지 않은) 우유랑 헤이즐넛 샷 넣어주세요.
Employee	Anything else?
점원	또 주문하실 것이 있나요?
Customer	Yes, I have a question first. If I add 2 stevia packets, do you put them in the coffee?
손님	네. 먼저 물어볼 게 있어요. 제가 스테비아 2개를 주문하면 커피 안에 넣어주시나요?
Employee	Yes, we do.
점원	네, 그렇게 해요.
Customer	Then I'd like to get them on the side.
손님	그러면 따로 주세요.
Employee	No problem.
점원	문제 없어요.
Customer	Also, I want to order one Snackin' Bacon.
손님	그리고 스낵킹 베이컨도 하나 주세요.
Employee	Great. Your coffee and snack will be out as soon as they're ready.
점원	좋습니다. 커피와 스낵은 준비되는 대로 나올 거예요.
Customer	Thank you.
손님	감사합니다.

Menu

미리 던킨 앱이나 키오스크에서 원하는 옵션을 확인해서 요청하면 더욱 알차게 주문할 수 있어요. 아침 식사 대용으로 커피에 베이컨 에그 치즈 샌드위치나 해시 브라운을 곁들이시면 여행 중 잠깐의 허기를 달래기에도 좋아요.

Classic Glazed Donut
글레이즈드 도넛

Boston Kreme Donut
보스톤 크림 도넛

Munchkins Donut Hole
먼치킨 도넛

Bacon, Egg & Cheese Breakfast Sandwich
베이컨 에그 치즈 샌드위치

Avocado Toast
아보카도 토스트

Hash Browns
미니 해시 브라운 패티

Bacon Wake-Up Wrap
베이컨 웨이크업 랩 (달걀, 치즈, 베이컨 랩)

Hot Coffee
핫 커피

Iced Coffee
아이스 커피

Cold Brew Coffee
콜드 브루 커피

신선하게 구운 빵과 커피의 조합

파네라 브레드는 엄밀히 말하면 베이커리 프랜차이즈에 가깝지만, 신선하고 품질 좋은 커피로도 유명하죠. 미국 전역에 2,200개 이상의 매장이 있어서 접근성도 좋아요.(2025년 기준)

미국 베이커리 브랜드 순위에서 1위가 맥도날드이고, 2위가 파네라 브레드인 것이 재미있는데요. 맥도날드는 맥머핀, 파이 등 빵 제품을 팔아 베이커리 통계에 포함된 것인데, 파네라 브레드가 사실상 제대로 된 베이커리 전문점으로는 1위라고 보아도 무방합니다.

이곳에서는 'Sip Club(십 클럽)'이라는 독특한 멤버십 제도를 운영하고 있어요. 영어로 'sip'은 '홀짝홀짝 마시다'라는 의미로, 매달 정해진 금액을 내면 셀프 서비스로 제공되는 커피·차·소다 등 20가지 넘는 음료를 무제한으로 마실 수 있습니다. 미국에서 4천만 명 넘는 멤버십 회원이 있고, 커피를 자주 마시면 가입해 볼만 해요.

베이글 dozen이 13개인 이유?

파네라 브레드는 매일 밤마다 매장으로 도우가 배송되고, 제빵사들이 아침 가게 문을 열기 전에 빵을 구워 내놓습니다. 덕분에 고객은 아침부터 신선한 빵을 맛볼 수 있어요. 특히 유명한 메뉴 중 하나가 시나몬 크런치 베이글인데요. 풍부한 시나몬 향에 식감이 쫀득하죠. 여기에 **Salted whipped butter**(소금이 들어간 휘핑 버터)를 듬뿍 발라 먹으면 짭짤하고 고소한 맛을 함께 즐길 수 있어요. 버터는 서비스로 제공되니 주문 시 꼭 달라고 하세요. 버터가 차가우니 베이글을 따뜻하게 구워 달라고 요청하고, 그 위에 버터를 녹여 먹으면 바삭하고 더 맛있습니다.

파네라 브레드에서는 'Half dozen(6개)'이나 'Baker's dozen(13개)' 단위로 베이글을 팔기도 합니다. 참고로 일반적인 dozen은 12개를 의미하지만, Baker's dozen은 13개를 뜻합니다. 중세 시대 영국에서 빵 무게가 기준에 미달하면 처벌하는 제도가 있어 빵집들이 기본 12개에 1개를 덤으로 주던 관습에서 비롯되었습니다. 영국 식민지로부터 독립해 세워진 미국에도 그 전통이 지금까지 남아 있는 것이죠.

커피는 셀프 서비스 커피를 주문하면 컵을 받아 원하는 종류를 직접 따라 마시면 돼요. 라떼나 기타 셀프바에 없는 음료는 주문하면 즉시 만들어 줍니다. 파네라 브레드의 헤이즐넛 커피는 달콤한 향이 매력적이고, 빵과 곁들이기 좋습니다.

그 밖에 샌드위치, 샐러드, 수프 등의 식사류도 건강한 재료를 사용해 인기가 많아요. 파네라 브레드는 항생제를 사용하지 않은 고기, 첨가물이 들어가지 않은 식재료, 그리고 'cage free egg(방사 사육 닭의 달걀)'만을 사용한다고 알려져 있습니다. 미국 대형 슈퍼마켓에서도 파네라 브랜드로 나온 각종 수프를 판매하니, 여행 중 숙소에서 간단하게 식사하실 때 시도해 보세요.

셀프바의 식은 커피를 따뜻한 커피로 교체 요청하기

파네라 브레드 매장은 카페 같은 분위기로 무료 와이파이를 제공해요. 그래서 공부나 일하는 사람이 많습니다. 스타벅스에 비해 영업시간이 길어서 저녁 10시까지 문을 여는 지점이 많으니, 저녁 식사 후 여유롭게 수다를 떨고 싶다면 좋은 선택입니다.

가끔 매장의 셀프 서비스 커피가 식어 있을 때가 있는데요. 이때는 부담 없이 따뜻한 커피로 바꿔달라고 직원에게 이야기하는 대화를 볼게요.

★★★★★

03.mp3

Customer	I'd like to order one regular hazelnut coffee.
손님	헤이즐넛 커피 레귤러 하나 주세요.
Employee	That'll be $2.89. You can help yourself at the self-service station over there.
직원	2.89달러입니다. 저기에 셀프 서비스 스테이션이 있어요. (가격은 변할 수 있음)
Customer	Great, thanks.
손님	좋네요. 감사합니다.
	(컵에 커피를 받는데 보온병 안의 커피가 식어 있다)
Customer	Excuse me, coffee in the jug is lukewarm.
손님	저기요, 보온병 안의 커피가 미지근한데요.
Employee	Oh, I'm so sorry about that. I'll replace it. It will take a few minutes.
직원	아, 정말 죄송합니다. 바꿔 드릴게요. 몇 분 걸릴 거예요.
Customer	Okay.
손님	네.
	(직원이 보온병에 새 음료를 채워 가져다 놓는다)
Employee	It's ready.
직원	준비됐어요.
Customer	Thank you.
손님	감사합니다.

Menu

파네라 브레드에는 신선한 빵과 다양한 커피, 그리고 건강한 식사 메뉴가 가득합니다. 아래 대표 메뉴를 참고해 보세요.

Caramel Latte
카라멜 라떼

Iced Madagascar Vanilla Latte
마다가스카 바닐라 아이스 라떼

Broccoli Cheddar Soup
브로콜리 체다 수프

Chipotle Chicken Avocado Melt
치폴레 치킨 아보카도 멜트 샌드위치

Greek Salad
그리스 샐러드

Mac & Cheese
맥 앤 치즈

Chicken Noodle Soup
치킨 누들 수프

Mediterranean Veggie Sandwich
지중해식 채소 샌드위치

Fuji Apple Salad with Chicken
후지 사과 치킨 샐러드

Cinnamon Crunch Bagel
시나몬 크런치 베이글

골라먹는 재미의 원조, 전설의 아이스크림

배스킨라빈스는 버트 배스킨(Burt Baskin)과 어브 라빈스(Irv Robbins)가 의기투합해 만든 브랜드입니다. 버트가 어브의 여동생 셜리 라빈스와 결혼하면서 두 사람도 만나게 됐어요. 형님과 매제의 관계죠. 동전 던지기로 누구의 이름을 먼저 넣을지 정했는데, 결과가 달랐다면 '라빈스 배스킨'이라고 불렸을지도 몰라요.

배스킨라빈스 하면 '31가지 맛'이라는 컨셉이 가장 먼저 떠올라요. 한 달(31일) 내내 하루에 하나씩 다른 맛을 골라먹을 수 있다는 의미예요. 놀랍게도 지금까지 약 1,400가지의 아이스크림 맛이 나왔다가 사라졌다고 합니다. 새로운 맛이 계속 출시되고, 매장마다 있는 맛이 조금씩 달라서 방문할 때 새로운 맛을 발견하는 재미가 있어요.

대표 히트작인 '프랄린 앤 크림(Pralines and Cream)'에도 재미있는 사연이 있어요. 창업자들이 여행 중 맛본 프랄린에서 아이디어를 얻어 이 아이스크림을 만들었는데, 원래는 한정판으로 출시됐다가 높은 인기로 재출시가 된 케이스입니다. 프랄린은 설탕과 버터로 코팅한 견과류로 주로 피칸을 사용하며 달콤하면서 바삭함이 살아있죠. 단종 당시 사람들이 매장 앞에서 피켓을 들고 시위를 할 정도였고, 심지어 '디어 애비(Dear Abby)'라는 인생 상담 칼럼에 배스킨라빈스의 프랄린 앤 크림이 사라져 고민이라는 사연이 올라오기도 했다고 해요.

미국 슈퍼마켓에는 배스킨라빈스의 프랄린 앤 크림 외에도 레인보우 샤베트, 민트 초콜릿 칩 같은 인기 아이스크림을 파인트 단위로 판매해요. 때때로 1+1 행사도 하는데, 영어권에서는 이를 'buy one get one free', 또는 줄여서 'BOGO(보고)'라고 불러요.

전쟁터에서도 필요했던 아이스크림

미국인들은 아이스크림 없이는 못 살아요. 2차 세계대전 당시 미군들의 사기를 높이기 위해 아이스크림을 전쟁터에 보급했을 정도니까요. 심지어 전용 보급선까지 운영했다고 하니 아이스크림이 미국인들의 일상에 얼마나 깊숙이 자리 잡고 있는지 짐작이 되죠? 이런 배경 속에서 배스킨라빈스는 미국을 넘어 전 세계 아이스크림 문화의 상징 중 하나로 자리매김했어요.

미국에 다양한 아이스크림 종류가 있지만 꼭 추천하는 맛은 버터 피칸(Butter Pecan)과 럼 레이즌(Rum Raisin)이에요. 배스킨라빈스가 아니어도 여행 중 이 두 가지 맛의 아이스크림을 발견한다면 샘플로라도 한 입 먹어보세요. 럼 레이즌은 매장에 따라 실제 럼(rum, 증류주의 일종)이 들어간 경우도 있으니, 주문 전 확인하세요.

너티 코코넛(Nutty Coconut)도 추천해요. 진한 코코넛 향과 과육, 그리고 고소한 견과류가 어우러져 있어요. 큼직한 아몬드가 씹히는 식감이 인상적이죠.

아이스크림 샘플을 먹어보고 고르기
배스킨라빈스에서는 여러 가지 맛을 샘플로 한 스푼씩 맛본 뒤 고를 수 있어요. 가짓수는 제한을 두지 않는 편이고 대부분의 직원들이 3가지 정도까지는 기분 좋게 제공해 주니 맛보고 결정해 보세요. 샘플 요청 후 맛을 골라 주문하는 대화를 오른쪽에서 볼게요.

★★★★★ 04.mp3

Customer 손님	**Hi. Is it possible to try samples?** 안녕하세요. 샘플 맛볼 수 있나요?
Employee 점원	**Of course. Feel free to try as many as you'd like.** 그럼요. 원하는 맛이 있으면 마음껏 먹어보세요.
Customer 손님	**Thank you. I would like to try Nutty Coconut, Triple Mango, and Rum Raisin.** 감사합니다. 너티 코코넛, 트리플 망고, 럼 레이즌 샘플을 맛보고 싶어요.
Employee 점원	**No problem.** 문제 없어요.
Customer 손님	**Oh, I have a question.** **Does Rum and Raisin have alcohol in it?** 아, 질문이 있어요. 럼 레이즌에 술이 들어있나요?
Employee 점원	**No, it contains rum and raisin flavoring, not alcohol.** 아뇨, 럼 레이즌 향이 들어있어요. 술은 아니고요.
Customer 손님	**Great.** 좋네요.
	(하나씩 샘플을 맛본다)
Customer 손님	**Nutty Coconut is delicious.** 너티 코코넛 맛있네요.
Employee 점원	**Right? I love it too.** 그렇죠? 저도 좋아해요.
Customer 손님	**I'll get Nutty Coconut single scoop with a waffle cone.** 너티 코코넛 싱글 스쿱을 와플콘에 담아서 주세요.

Menu

배스킨라빈스는 31가지 맛을 넘어 수천 가지 아이스크림 레시피를 탄생시킨 브랜드죠. 시즌마다 달라지는 맛을 골라먹는 재미가 쏠쏠합니다. 궁금한 맛의 아이스크림을 발견하면 부담없이 샘플부터 시도해 보세요.

Pralines 'n Cream
프랄린 앤 크림 아이스크림

Mint Chocolate Chip
민트 초콜릿 칩 아이스크림

Rocky Road
록키 로드 아이스크림 (마시멜로우와 아몬드가 들어간 초콜릿 아이스크림)

Jamoca Almond Fudge
자모카 아몬드 퍼지 아이스크림

Rainbow Sherbet
레인보우 샤베트

Reese's Peanut Butter Cup Sundae
리세스 피넛 버터 컵 토핑 아이스크림

Brownie Sundae
브라우니 토핑 아이스크림

Oreo Cookies and Cream Ice Cream Cake
오레오 쿠키 앤 크림 아이스크림 케이크

Oreo Cookies 'n Cream Polar Pizza
오레오 쿠키 앤 크림 피자

Chocolate Chip Cookie Dough Milkshake
초콜릿 칩 쿠키 도우 밀크세이크

사악한 가격의 고퀄리티 아이스크림

벤 앤 제리스의 창시자 벤 코헨(Ben Cohen)과 제리 그린필드(Jerry Greenfield)는 고등학교 체육 시간에 처음 만나 창업의 꿈을 키웠습니다. 원래는 함께 베이글 가게를 열고 싶었지만 장비 가격이 비싸다는 이유로 상대적으로 창업 비용 진입 장벽이 낮고 재고 관리가 쉬운 아이스크림 사업으로 방향을 틀었습니다. CEO 역할을 제리가 맡았는데 이름 순서만큼은 벤이 앞서는 게 공평하다고 생각해 브랜드 명에 벤(Ben)을 먼저 썼다네요.

벤은 후각을 거의 느끼지 못하는 후각상실증을 앓고 있었어요. 그래서 맛을 온전히 느끼기 위해선 아이스크림의 질감과 재료의 식감이 중요했습니다. 이 때문에 덩어리가 큰 초콜릿, 쿠키, 견과류를 듬뿍 넣고 풍미 강한 재료도 아낌없이 더한 고급 레시피가 완성되었습니다. 덕분에 벤 앤 제리스

아이스크림은 씹는 재미가 있는 진한 맛으로 인기를 얻게 되었죠.

벤 앤 제리스의 또 다른 매력은 유쾌한 네이밍입니다. 예를 들어 '체리 가르시아(Cherry Garcia)'는 전설적인 기타리스트 제리 가르시아를 기리는 메뉴이고, '넷플릭스 앤 칠드(Netflix & Chilled)'는 슬랭 표현인 'Netflix and chill'에서 따온 이름입니다. Netflix and chill은 원래 단순히 '넷플릭스 틀어놓고 쉬자'는 뜻이었지만, 시간이 지나면서 속어로 데이트하거나 성적인 분위기를 암시하는 표현으로도 사용되기 시작했어요. 또 지미 팰런(Jimmy Fallon)의 쇼 이름을 패러디한 '더 투나잇 도우(The Tonight Dough)'도 있는데요. 위트 넘치는 작명 센스도 벤 앤 제리스만의 특징이죠. 아이스크림 포장과 매장 디자인에서도 발랄하고 귀여운 분위기를 느낄 수 있습니다.

식사 한 끼 값이 아깝지 않은 이유

벤 앤 제리스는 맛만큼이나 가격도 프리미엄입니다. 스몰 사이즈에 와플 보울(Waffle Bowl, 와플이 그릇처럼 나오는 형태)과 토핑까지 추가하면 식사 한 끼 값에 가까운 금액이 나오죠. 그럼에도 불구하고 한 입 먹어보면 진한 풍미에 크리미한 식감, 재료의 풍성함 덕분에 돈이 아깝지 않아요.

미국 내 배스킨라빈스 매장이 2,000개가 넘는 반면, 벤 앤 제리스 매장은 2025년 기준 약 500여 개로 훨씬 적습니다. 대도시 중심으로 입점되어 작은 도시에서는 매장을 찾기 어려워요. 그래서 많은 사람들이 슈퍼마켓에서 파인트 아이스크림을 구매해 즐기는 경우가 많습니다.

매장에서 솔티드 카라멜 와플 보울에 망고와 버터 피칸 두 가지 아이스크림 맛을 담아 주문하면 세일즈 택스를 포함해 12.42달러(약 1만 6천 원)이 나와요.(가격은 변할 수 있음) 부담스러운 가격이지만 달콤하고 부드러운 망고 아이스크림, 고소한 피칸이 듬뿍 들어간 버터 피칸, 그리고 바삭한 카라멜 와플의 단짠 조합은 정말 환상적이죠. 건강과 지갑을 생각해 스몰 사이즈에 만족하는 게 좋아요.

와플 보울에 담은 두 가지 맛 아이스크림 + 토핑 주문하기

벤 앤 제리스에서도 아이스크림 샘플을 요청할 수 있어요. 3가지 맛을 시식 후 원하는 맛으로 아이스크림을 주문하는 대화를 볼게요.

★★★★★ 05.mp3

Customer / 손님
Hi. I'd like to try samples before ordering. Is it okay?
안녕하세요. 주문하기 전에 샘플을 먹어 보고 싶은데요. 괜찮을까요?

Employee / 점원
Of course. Which flavors would you like to sample?
그럼요. 어떤 맛을 먹어보고 싶으세요?

Customer / 손님
Hmm… Can I try churros, butter pecan and mango?
음… 츄러스, 버터 피칸, 망고맛을 먹어 볼 수 있을까요?

Employee / 점원
Sure.
그럼요.

(샘플을 맛본다)

Employee / 점원
What do you think? Do you like any of them?
어떻게 생각하세요? 맘에 드는 맛이 있나요?

Customer / 손님
Yep. I'd like to order small. Butter pecan and mango. Can I get them in a chocolate dipped waffle bowl?
네. 스몰 사이즈로 주시고요, 버터 피칸이랑 망고요. 초콜릿에 담근 와플 보울에 담아주세요.

Employee / 점원
Absolutely. Would you like any toppings?
네 그럴게요. 토핑도 고르시겠어요?

Customer / 손님
Yes, Gummi Worms, please.
네, 구미웜(애벌레 모양 젤리로 한국의 왕꿈틀이와 비슷함)요.

Employee / 점원
You got it. Anything else?
알겠습니다. 또 주문하실 것 있나요?

Customer / 손님
Nope, that's all! Thanks for letting me try samples.
아뇨, 그게 전부예요. 샘플 먹어 보게 해주셔서 감사합니다.

Employee / 점원
My pleasure. Here's your ice cream. Enjoy.
제가 할 일인 걸요. 여기 아이스크림 있어요. 맛있게 드세요.

Menu

벤 앤 제리스는 풍성한 재료와 개성 있는 이름, 통통 튀는 브랜드 디자인으로 많은 사람들의 마음을 사로잡은 아이스크림 브랜드입니다. 비싸지만 확실한 만족감을 주는 맛을 꼭 경험해 보세요.

Cherry Garcia
체리 가르시아 아이스크림 (체리와 퍼지가 들어간 아이스크림)

Chocolate Fudge Brownie
초콜릿 퍼지 브라우니 아이스크림

Half Baked
하프 베이크드 아이스크림 (초콜릿 칩 쿠키 도우와 퍼지 브라우니가 들어간 초콜릿 & 바닐라 아이스크림)

Phish Food
피쉬 푸드 아이스크림 (마시멜로우, 카라멜 시럽, 물고기 모양 퍼지가 들어간 초콜릿 아이스크림)

The Tonight Dough
투나잇 도우 아이스크림 (초콜릿 쿠키, 쿠키 도우, 피넛 버터 쿠키 도우가 들어간 카라멜 초콜릿 아이스크림)

Strawberry Cheesecake
스트로베리 치즈케이크 아이스크림

Americone Dream
아메리콘 드림 아이스크림 (와플 콘 조각, 카라멜 시럽이 들어간 바닐라 아이스크림)

Peanut Butter Cup
피넛 버터 컵 아이스크림

Chocolate Chip Cookie Dough Sundae
초콜릿 칩 쿠키 도우 아이스크림

Waffle Cone
와플 콘

전 세계를 사로잡은 꾸덕한 한 컵

데어리 퀸은 일리노이주에서 시작해 전 세계 20개국에 매장이 있는 아이스크림 프랜차이즈인데요. 미국 안에는 일리노이에 약 250개 매장이 있고 텍사스에 약 500개로 가장 많은 매장이 있어요.(2025년 기준) 그래서인지 텍사스에서는 자체 웹사이트를 운영하며 아이스크림 외에 치킨 샌드위치, 타코, 샐러드 등 다른 지역에서는 볼 수 없는 특별 메뉴도 제공해요.

데어리 퀸 매장은 Treat 매장과 종합 매장으로 나뉘어요. 'Treat'은 '대접하다, 대접' 외에도 '달콤한 음식'이라는 뜻이 있는데요. 미국에서 할로윈 때 아이들이 바구니를 들고 이웃집 문을 두드리며 "Trick or treat."라고 외치죠. '달콤한 음식(treat)'이란 의미를 담아 '달콤한 것 안 주면 장난칠 거야(trick)!' 정도로 해석할 수 있어요.

Treat 매장에선 이름 그대로 아이스크림, 소프트콘, 블리자드 등 디저트만 판매해요. 반면 종합 매장에서는 햄버거, 치킨 텐더, 감자튀김 같은 일반 패스트푸드 메뉴도 함께 즐길 수 있어요. 다만 데어리 퀸의 식사 메뉴는 가격 대비 맛이 평범해 일부러 찾아갈 정도는 아닙니다.

컵을 뒤집어도 흘러내리지 않는 꾸덕함

우리가 흔히 부르는 '아이스크림'은 '소프트 서브'와 '아이스크림' 두 종류로 구분할 수 있어요. 소프트 서브(Soft Serve)는 기계에서 바로 뽑는, 부드럽고 가벼운 느낌으로 패스트푸드점의 선데와 아이스크림 기계에서 나오는 건 소프트 서브라고 할 수 있어요. 일반 아이스크림은 소프트 서브보다 더 단단하고 진하고 꾸덕하죠. 미국 식품법상, 아이스크림으로 인정받기 위해서는 유지방 함량이 10% 이상이어야 하는데, 소프트 서브(soft serve)는 이보다

유지방이 낮고 공기를 많이 넣어 만들기 때문에 법적인 의미에서 진짜 아이스크림이 아닐 수도 있어요. 그럼에도 불구하고 우리도 미국인들도 일반적으로 소프트 서브도 아이스크림이라 부릅니다.

데어리 퀸의 소프트 서브는 일반적인 패스트푸드점 소프트 서브와는 다른 독특한 형태를 자랑해요. 사진에서 보듯이 모양이 봉긋하고, 꼭대기에 동그랗게 말려 올라간 컬(curl)이 재미있어요. Curl은 영어로 '동그랗게 감다'라는 뜻인데, 이 모양을 유지하기 위해 점원들은 특별한 교육도 받는다네요.

키즈 사이즈는 동그라미가 하나, 스몰과 미디엄은 2개, 라지는 3개입니다.

이 독특한 형태는 데어리 퀸만의 비밀 레시피 덕에 탄생한 꾸덕함 덕분이죠.

바닐라, 초콜릿, 스월(swirl) 중에서 선택할 수 있는데요. 스월은 바닐라와 초콜릿이 소용돌이처럼 섞인 맛이에요.

블리자드(Blizzard)는 데어리 퀸의 또 다른 대표 메뉴예요. 맥도날드의 맥플러리와 비슷한데 훨씬 꾸덕하고 초콜릿, 견과류, 쿠키 등 다양한 토핑이 들어 있어 씹는 재미가 있어요. 맥플러리의 상위 버전이라는 평가를 받을 정도죠. 블리자드가 얼마나 꾸덕한지 보여주기 위해, 점원은 컵을 거꾸로 들어서 건네주는 퍼포먼스를 하기도 합니다. 만약 이때 내용물이 쏟아진다면, 무료로 다시 만들어주니 걱정하지 않아도 돼요.

생소한 메뉴 맛 물어보고 주문하기

데어리 퀸에서는 소프트 서브에 '딥트 콘(dipped cone)' 옵션을 추가할 수 있어요. 콘을 뒤집어서 초콜릿이나 다른 소스에 푹 담가서 주는 옵션입니다. 차가운 아이스크림 때문에 발라진 소스는 바로 굳어서 바삭한 식감을 즐길 수 있죠. 시즌에 따라 체리, 컨페티(confetti) 같은 특별한 맛도 나와요. 메뉴를 설명해달라고 하고, 주문하는 상황의 대화를 볼게요.

★★★★★　　　　　　　　　　　　06.mp3

Customer 손님	Hi. I have a question before ordering. 안녕하세요. 주문하기 전에 질문이 있어요.
Employee 점원	Sure. What would you like to know? 네. 뭐에 대해 알고 싶으세요?
Customer 손님	What is the confetti flavor for dipped cones? 딥트 콘의 컨페티 맛이 뭔가요?
Employee 점원	The confetti flavor is a white chocolate-based dip with colorful sprinkles mixed in. 컨페티 맛은 화이트 초콜릿 베이스에 알록달록한 스프링클이 들어가 있어요.
Customer 손님	Oh, that sounds interesting. Is it popular? 오, 흥미롭네요. 잘 나가나요?
Employee 점원	Yeah, some people prefer white chocolate over regular chocolate. 네, 어떤 분들은 일반 초콜릿보다 화이트 초콜릿을 좋아하니까요.
Customer 손님	I see. I'll give it a try. Can I get a confetti dipped cone? 그렇군요. 그걸로 시킬게요. 컨페티 딥트 콘 하나 주세요.
Employee 점원	Which size? 어떤 사이즈로요?
Customer 손님	Small, please. 스몰이요.
Employee 점원	Here is your dipped cone. Enjoy. 여기 딥트 콘 있어요. 맛있게 드세요.

Menu

당 충전이 필요할 때 데어리 퀸에서 부드러운 소프트 서브나, 쫀득한 식감의 블리자드를 먹어 보세요. 텍사스주로 여행을 간다면 다른 주의 데어리 퀸에서는 볼 수 없는 특별 메뉴도 시도해 보세요.

Oreo Blizzard
오레오 블리자드

Reese's Peanut Butter Cup Blizzard
리세스 피넛버터 컵 블리자드

Chocolate Chip Cookie Dough Blizzard
초콜릿 칩 쿠키 도우 블리자드

Snickers Blizzard
스니커즈 초코바 블리자드

Brownie Batter Blizzard
브라우니 배터 블리자드

Hot Fudge Sundae
핫 퍼지 선데 (핫 퍼지와 생크림이 올라간 바닐라 아이스크림)

Strawberry Sundae
딸기 선데 아이스크림

DQ Buster Bar
디큐 버스터 바 (핫 퍼지, 땅콩이 들어간 초코 코팅 바닐라 아이스크림 바)

Bacon Cheeseburger
베이컨 치즈버거

Chicken Strip Basket
치킨 텐더 바스킷 (세트 메뉴)

갓 나온 도넛의 거부할 수 없는 유혹

미국 사람들은 도넛을 정말 좋아해요. 아침 식사로도 커피와 도넛을 함께 즐기죠. 쌉쌀한 커피와 달콤한 도넛의 조합은 에너지를 빠르게 충전해줘요. 건강에는 안 좋을 수 있지만요. 1930년대 대량 생산 체계가 자리 잡으면서 바쁜 도시인들에게 도넛이 저렴하고 간편한 아침 식사의 대명사가 되었고, 크리스피 크림(Krispy Kreme)도 1937년 이런 흐름에 맞춰 탄생했죠.

창립자 버논 루돌프(Vernon Rudolph)는 초기 자금이 부족해 본인의 차를 팔아 조그맣게 크리스피 크림을 열었어요. 지금은 매일 5백만 개 넘는 도넛을 생산할 정도로 성장했고, 미국인들뿐 아니라 세계적으로 사랑받는 도넛 프랜차이즈 중 하나가 되었습니다.
Original Glazed(오리지널 글레이즈드)는 크리스피 크림의 베스트셀러로, 갓 나왔을 때 폭신하고 따뜻한 식감이 일품이라 많은 사람들이 이 맛을 도저히 거부할 수 없다고 하는데요. Glaze는 '광택을 내는 코팅재'란 뜻으로 베이킹을 할 때 케이크 등에 광택을 내기 위해 발라요. 크리스피 크림에서는 설탕, 식물성 쇼트닝 등을 사용해 만든답니다.

슈퍼마켓이나 편의점에서도 크리스피 크림 도넛을 만나볼 수 있지만, 갓 나온 것보다 딱딱할 확률이 높기 때문에 매장에서 직접 사 먹으면 훨씬 맛있습니다.

미국에는 아침 일찍 운전하는 사람들이 많아 도넛 가게도 이른 시간에 문을 열어요. 크리스피 크림은 보통 새벽 6시에 열고, 이른 아침과 늦은 오후에 도넛을 만들어요. 그래서 아침에 에너지 충전이 필요하거나 오후에 당이 떨어질 때 방문해서 갓 나온 도넛을 먹기 딱 좋습니다.

맛이 형편없을 때 쓰는 표현?

크리스피 크림은 아쉽게도 커피는 맛없다는 평이 많아요. "Krispy Kreme coffee tastes like sh*t."라는 다소 직설적인 후기까지 있을 정도죠. "Taste like sh*t"은 미국인들이 음식 맛이 정말 형편없을 때 쓰는 비속어예요. 그러니 커피는 도넛만큼 큰 기대를 하지 마세요.

도넛을 데워 달라고 부탁하기

시즌 메뉴인 킷캣 솔티드 카라멜 브라우니 도넛과 아메리카노를 주문해 볼게요. 참, 대부분의 미국 매장에서는 한국과 달리 차를 팔지 않아요.

갓 나온 오리지널 글레이즈드 도넛을 맛보고 싶다면, 매장에 따끈한 도넛이 나오는 시간을 물어보고 그때 방문하면 됩니다. 회사 방침상 신선한 도넛이 나오고 있을 때 매장 바깥에 'Hot Light(빨간 불)'를 켜야 하고, 구매하는 손님들에게 무료 도넛 한 개를 제공해요. 하지만 공짜 도넛을 원하는 손님이 몰리는 게 싫은 지 불을 안 켜는 매장도 있죠. 그러니 전화로 미리 물어보고 가는 방법이 가장 확실합니다.

이 시간대에 가면 좋은 점이 또 하나 있는데요, 점원에게 부탁하면 진열되어 있는 살짝 식어 있는 도넛을 컨베이어 벨트에 올려서 따끈하게 데워줍니다. 해당 서비스는 도넛을 만드는 시간에만 받을 수 있어요. 도넛 주문 시 데워 달라고 하는 대화를 볼게요.

★★★★★

07.mp3

Customer 손님	Hi. I have a question. What time do you make fresh donuts? 안녕하세요. 질문이 있어요. 새로운 도넛을 몇 시에 만드나요?
Associate 직원	We make fresh donuts from 6am to 7am and 4pm to 5pm daily. 매일 오전 6시부터 7시, 오후4시부터 5시예요. (매장마다 시간 다를 수 있음)
Customer 손님	Thank you. 감사합니다.

(시간에 맞춰 도넛 가게에 간다)

Customer 손님	I'd like to get a half dozen original glazed donuts, please. 오리지널 글레이즈드 도넛 6개 주세요.
Associate 직원	Sure. Would you like anything else with that? 네. 또 필요한 것 있나요?
Customer 손님	Yes, could you heat up the donuts for me? 네, 도넛 데워 주실 수 있나요? (진열된 도넛을 줄 경우)
Associate 직원	Absolutely! We can warm them up for you. It'll take a moment. 그럼요. 데워 드릴게요. 시간이 잠깐 걸릴 거예요.
Customer 손님	Great, thank you. They taste so much better when they're warm. 와, 감사합니다. 따뜻할 때가 훨씬 더 맛있어요.
Associate 직원	I agree, they're amazing when they're fresh. 그렇죠. 갓 나온 도넛은 정말 맛있어요.

(데워진 도넛이 나온다)

Associate	Here you go, nice and warm original glazed donuts. Is there anything else I can get for you?
직원	여기 따뜻하게 데워진 오리지널 글레이즈드 도넛 나왔습니다. 또 필요한 것 있나요?
Customer	No, that's all. Thanks for heating them up!
손님	아뇨, 그게 전부예요. 데워 주셔서 감사합니다!

Menu

달콤하고 부드러운 도넛 한 입이면 아쉬운 커피 맛이 용서되죠. 여행 중 당 충전이 필요하다면 가까운 매장에 꼭 들러 보세요.

Original Glazed Doughnut
오리지널 글레이즈드 도넛

Original Glazed Cinnamon Roll
오리지널 글레이즈드 시나몬 롤

Chocolate Iced Glazed Doughnut
초콜릿 글레이즈드 도넛

Chocolate Iced Custard Filled Doughnut
초콜릿 글레이즈드 커스터드 도넛

Glazed Lemon Filled Doughnut
글레이즈드 레몬 잼 도넛

Cake Batter Doughnut
케이크 맛 도넛

Original Glazed Latte
오리지널 글레이즈드 라떼 (오리지널 글레이즈드 시럽이 들어간 라떼)

Frozen Caramel Mocha Latte
프로즌 카라멜 모카 라떼

Iced Coffee
아이스 커피

달콤한 빵에 질렸다면 짭짤한 빵으로

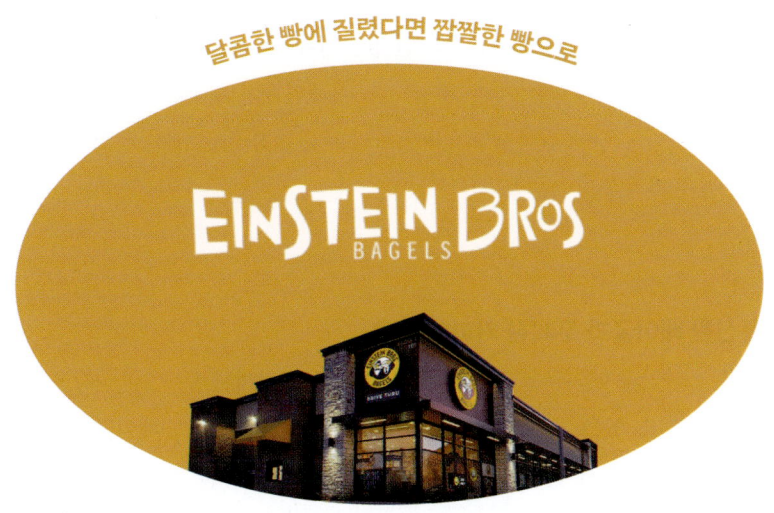

한국 베이커리에는 달콤한 빵부터 짭조름하고 쫄깃한 빵까지 종류가 다양하지만, 미국의 대부분 빵집은 식사용 빵이나 달콤한 빵 위주로만 팔아요. 그래서 미국에서는 짭짤한 빵(savory bread)을 찾기 어렵죠. 그럴 때 반가운 곳이 아인슈타인 브로스 베이글입니다. 치즈 해시 브라운, 체다 할라피뇨, 그린 칠리 등 짭짤한 맛의 베이글을 즐길 수 있죠.

'Savory'는 처음에는 무슨 뜻인지 감이 안 올 수 있는데요. 영한 사전에는 '맛 좋은, 풍미 있는'이라고만 적혀 있거든요. 여기서 말하는 풍미에는 '짭짤하게 맛있는' 것이 포함되죠.

베이글을 먹을 때 크림치즈가 빠질 수 없는데 이곳에서는 크림치즈를

'shmear'라고 불러요. 유대인들의 언어인 '이디시어(Yiddish)'에서 유래한 단어로, '펴 바를 수 있는 것'을 뜻합니다. 유대인들이 미국으로 이주하면서 베이글 문화도 함께 전파됐고, shmear라는 단어가 미국 베이글 업계에 자연스럽게 뿌리내렸어요.

폭신한 베이글과 무제한 커피의 여유

뉴욕 스타일의 베이글은 겉은 딱딱하고 속은 쫄깃해서 두 가지 식감을 확연히 느낄 수 있는 게 특징이에요. 헌데 아인슈타인 브로스 베이글은 상대적으로 부드러워서 샌드위치로 먹기에 더 적합합니다. 샌드위치 주문 시 베이글의 일부분을 잘라내서 얇게 만드는 thin 옵션을 제공합니다. 다이어트 등의 이유로 빵을 덜 먹고 싶다면 시도해 보세요.

블랙 커피를 주문하면 매장 한쪽에 마련된 보온병에서 무제한 리필이 가능해요. 바닐라, 헤이즐넛, 다크, 디카페인 등 여러 종류가 있죠.
메인은 아니지만 시나몬 롤, 쿠키 같은 달콤한 디저트류도 판매해요. 베이글은 4시간마다 구워져 신선함을 유지합니다.

아인슈타인 브로스 베이글은 아침 일찍 식사하는 손님들을 위해 새벽 5시 30분에서 6시 사이에 문을 열고, 오후 2시 즈음에 문을 닫는 경우가 많아요. 보통 저녁까지 영업하는 한국 빵집을 생각해서 늦은 오후에 방문하면 헛걸음할 수도 있으니, 방문 전 영업시간을 미리 확인하세요.

Chorizo sunrise egg sandwich와 음료 주문하기

아인슈타인 브로스 베이글의 초리조 선라이즈 에그 샌드위치는 계란과 매콤한 초리조 소시지가 들어가 한국인 입맛에 잘 맞아요. 베이글을 체다 할라피뇨 베이글로 바꾸면 맵고 짭짤한 맛이 한층 살아나죠. 커피나 차를 곁들이면 간단한 아침 또는 부담스럽지 않은 점심으로 손색이 없어요.

건강을 위해 빵을 thin 옵션으로, 계란은 흰자로만, 저지방 우유로 만든 핫 초코를 주문하는 대화를 볼게요.

★★★★★

08.mp3

Customer 손님	Hi. I'd like to get a Chorizo Sunrise Egg Sandwich with a Cheddar Jalapeño Bagel. 안녕하세요. 초리조 선라이즈 에그 샌드위치 하나 주문할게요. 베이글은 체다 할라피뇨로요.	
Employee 직원	Sure thing. 좋습니다.	
Customer 손님	And I'd like to make my bagel thin. 베이글은 (빵을 덜어내고) 얇게 잘라주세요.	
Employee 점원	Absolutely. 그럼요.	
Customer 손님	And with egg whites instead of the regular egg. 그리고 일반 달걀 대신 달걀 흰자로 해주세요.	
Employee 점원	It's an upcharge. Is it okay? 추가 요금이 있는데요. 괜찮으세요?	
Customer 손님	Yeah. Also, I'd like a hot chocolate with 2% milk. 네. 그리고 저지방 우유로 만든 핫 초콜릿도 주세요.	
Employee 점원	Got it. 알겠습니다.	
Customer 손님	Oh, no whipped cream, please. 아, 휘핑 크림은 빼주시고요.	
Employee 점원	No problem. I'll have that ready for you soon. 문제 없어요. 금방 만들어 드릴게요.	
Customer 손님	Thank you. 감사합니다.	

Menu

아인슈타인 베이글 브로스 매장은 캐주얼한 분위기로, 혼자만의 시간을 보내거나 담소를 나누기에도 좋습니다. 나무 의자가 오래 앉아 있기 불편할 수 있지만 든든한 샌드위치에 무제한 리필 커피가 있으니 시간을 보내기 좋죠.

Classic Bagel with Cream Cheese
크림치즈 베이글

Farmhouse Breakfast Sandwich
달걀 베이컨 햄 치즈 베이글 샌드위치

Nova Lox Sandwich
훈제연어 크림치즈 베이글 샌드위치

Chorizo Sunrise
초리조 달걀 베이글 샌드위치

Avocado Toast
아보카도 토스트

Everything Bagel
에브리띵 베이글

Asiago Cheese Bagel
아시아고* 치즈 베이글(이탈리아 북부에서 유래된 짭잘하고 풍미있는 치즈의 일종)

Classic Cold Brew
콜드 브루 커피

Chai Tea Latte
차이티 라떼

Iced Mocha
아이스 모카 커피

실수한 레시피로 세계를 정복한 프레첼

앤티앤스(Auntie Anne's)는 앤 바일러(Anne Beiler)가 남편이 운영하는 커뮤니티 센터를 돕고자 프레첼을 만들며 시작된 브랜드입니다. 그녀는 파머스 마켓(Farmers market)에서 빵을 팔았는데, 주문했던 재료가 잘못 도착해 원래 레시피와는 완전 다른 프레첼을 만들게 되었어요. 우연히 이것이 큰 인기를 얻어 사업이 급성장했죠.

한국에는 '파머스 마켓'이라는 이름의 마트가 있지만, 미국의 파머스 마켓은 일반적으로 정해진 요일과 장소에서 열려요. 농산물, 음식, 공예품 등을 판매하는 장터랍니다. 제가 사는 도시에는 매주 토요일 오전에 다운타운에서 열리는 데, 빵집이나 푸드트럭을 포함해 지역의 작은 가게들이 많이 참여해서 아기자기한 분위기예요. 미국 여행 중이라면 구글에 '도시 이름 + farmer's market'을 검색해 방문해 보세요. 현지 소상공인들이 직접 만든 물건을 구경하며, 그 도시의 분위기와 문화를 느낄 수 있는 좋은 기회가 될 거예요.

미국 앤티앤스와 한국 매장의 차이?
미국에서 프레첼은 맥주 안주로도, 출출할 때 즐기는 간식으로도 인기가 많아요. 일반 슈퍼마켓에서 파는 프레첼 스낵은 딱딱하고 짭짤하지만, 앤티앤스의 프레첼은 훨씬 부드럽고 고소한 맛이 특징이에요. 매장에서 직원들이 직접 도우를 손으로 꼬아 만드는 모습도 볼 수 있어서, 정성스럽고 깨끗하게 만든다는 신뢰를 주고 있어요. 간편한 간식이나 가벼운 식사 대용으로 좋다 보니, 전 세계적으로 사랑받는 프랜차이즈로 자리 잡았습니다.

앤티앤스 매장은 주로 쇼핑몰 안에 있어서, 쇼핑하다가 간단히 간식 먹기 딱 좋은 위치예요. 미국 매장은 한국보다 메뉴가 단출하지만, 클래식 프레

첼이나 미니 프레첼 도그는 언제 가도 인기 만점이에요. 특히 미니 프레첼 도그는 프레첼 반죽 안에 짭짤한 소시지가 들어 있어, 10개짜리 한 팩이면 간식은 물론 간단한 끼니로도 충분합니다.

미국은 소스 문화가 발달되어 있어서, 프레첼을 찍어 먹을 수 있는 딥 종류도 많아요. 치즈 딥, 스윗 글레이즈, 마리나라, 허니 머스터드, 핫 살사 치즈, 카라멜, 크림치즈 딥까지 다양하게 있습니다. 그중에서도 프레첼에 치즈 딥을 곁들이면 환상의 궁합이라는 말이 절로 나올 정도예요. 음료는 시원한 레모네이드나 소다를 같이 마시면 더 맛있어요.

프레첼과 음료 주문하기

미니 프레첼 도그에 앤티앤스의 또 다른 베스트셀러인 레모네이드를 함께 주문하는 대화를 볼게요. 소스는 종류가 정말 다양한데요, 그중에서 가장 인기 많은 치즈 딥을 골랐습니다.

★★★★★ 09.mp3

Customer	Hi. I'd like an order of mini pretzel dogs and a frozen lemonade.
손님	안녕하세요. 미니 프레첼 도그와 프로즌 레모네이드 주세요.
Employee	Sure. Would you like any sauce with that?
점원	알겠습니다. 소스도 같이 드시겠어요?
Customer	Is it extra?
손님	추가 금액이 있나요?
Employee	Yes. It's $1.09.
점원	네. 1.09달러입니다. (가격 별할 수 있음)
Customer	Hmm, what kind of sauces do you have?
손님	음, 어떤 종류의 소스가 있나요?
Employee	We've got cheese, sweet glaze, marinara, hot salsa cheese, honey mustard, caramel and cream cheese dip.
점원	치즈, 스윗 글레이즈, 마리나라, 핫 살사 치즈, 허니 머스터드, 카라멜, 크림 치즈 딥이 있어요.
Customer	Wow. So many kinds. What do you recommend?
손님	와. 종류가 많네요. 뭘 추천하시나요?
Employee	Cheese dip is popular. If you like something sweet, sweet glaze is good.
점원	치즈 딥이 인기가 많아요. 달콤한 걸 좋아하시면 스윗 글레이즈가 좋고요.
Customer	I see. I'll go with the cheese dip.
손님	그렇군요. 치즈 딥으로 할게요.
Employee	Great choice. You'll love it.
점원	좋은 선택이에요. 맛있을 거예요.

Menu

앤티앤스의 프레첼은 쇼핑 도중 출출할 때나 살짝 배고플 때 간식으로 딱 좋아요. 짭짤한 프레첼에 치즈 딥이나 시원한 레모네이드를 곁들이면 금세 기운이 나거든요.

Original Pretzel
오리지널 프레첼

Cinnamon Sugar Pretzel
시나몬 슈가 프레첼

Pepperoni Pretzel Nuggets
페퍼로니 프레첼 너겟

Almond Pretzel
아몬드 프레첼

Pretzel Dog
프레첼 핫도그

Mini Pretzel Dogs
미니 프레첼 핫도그

Pretzel Nuggets
프레첼 너겟

Cinnamon Sugar Pretzel Nuggets
시나몬 슈가 프레첼 너겟

Frozen Lemonade
프로즌 레모네이드

Lemonade Mixer Strawberry
딸기 레모네이드

Fast Food

햄버거 | 파이브 가이즈 | 웬디스 | 컬버스
샌드위치 | 써브웨이 | 파이어 하우스 서브 | 지미 존스
퓨전 멕시칸 & 할랄 음식 | 치폴레 | 타코벨 | 할랄 가이즈

파이브 가이즈는 햄버거 전문점 중에서도 가격대가 높은 편이에요. 베이컨 치즈버거 하나에 레귤러 사이즈 음료, 작은 감자튀김까지 주문하면 20달러가 훌쩍 넘죠. 환율이 높을 때는 원화로 3만 원이 넘게 나올 수도 있습니다. 몇 년 전에는 한국에도 지점이 생겼고요. "패스트푸드 치고 너무 비싼 거 아니야?"라는 말이 나올 법도 하지만 푸짐한 양과 뛰어난 맛 덕분에 꾸준히 사랑받고 있어요.

파이브 가이즈에서는 매장에서 먹든 포장을 하든 전부 종이 봉투에 담아줘요. 종이 낭비로 환경을 오염시킨다고 비판을 받기도 하지만 브랜드 고유의 방식이라며 고수하고 있어요. 봉투를 열어보면 작은 사이즈의 감자튀김을 시켜도 넘치도록 담겨 있어요. 다른 패스트푸드점 라지 사이즈 못지않은 양에 기분 좋아지죠. 고객 만족도를 높이기 위한 파이브 가이즈의 전략입니다.

땅콩기름으로 감자튀김을 만드는 이유

매장 안에는 짭짤하고 고소한 향, 그리고 고기 굽는 냄새가 어우러져 식욕을 자극해요. 신기하게 파이브 가이즈는 튀김 요리를 모두 땅콩기름으로 튀기죠.

버거 토핑은 15가지 중 취향에 따라 고를 수 있어요. 고민된다면 "All the way"라고 주문하면 됩니다. 양상추, 피클, 토마토, 구운 양파, 구운 버섯, 케첩, 머스터드, 마요네즈까지 전부 넣어줘요.

파이브 가이즈의 버거는 알루미늄 호일에 싸여져 나오기 때문에 버거가 눅

눅해 보여 비주얼이 살짝 아쉬워요. 쭈글쭈글한 모양 덕에 사진발은 안 받지만, 한 입 베어 물면 부드러운 패티와 다양한 토핑의 훌륭한 조화에 비주얼은 잊어버리죠. 참고로, 음식이 나올 때까지 땅콩을 무제한으로 먹을 수 있어요. 집어 먹다 보면 자연스럽게 맥주가 생각나는데 아쉽게도 파이브 가이즈에서 주류는 판매하지 않습니다.

감자튀김은 땅콩기름으로 튀겨 겉은 바삭하고 속은 촉촉해요. 땅콩기름은 발연점이 높아서 일반 기름보다 높은 온도에서 조리된다네요. 덕분에 음식 냄새가 기름에 잘 배지 않아 재료 본연의 맛이 살아나요.
보통 식당에서 같은 기름에 감자, 치킨, 생선 등 여러 재료를 튀기는 경우가 많다보니 가끔 재료 맛과 향이 섞이는 경우가 있어요. 생선 냄새가 나는 듯한 치킨을 먹어본 경험이 있는 분이라면 이 차이가 얼마나 중요한지 공감할 거예요.

오바마의 'The Presidential Burger' 주문하기

스타벅스처럼 파이브 가이즈에도 시크릿 메뉴가 있습니다. 대표적으로 'The Presidential Burger'는 오바마 전 대통령의 조합으로 알려져 있어요. 구글에 'Five Guys secret menu'를 검색하면 이런 레시피들이 다양하게 나옵니다. 토핑 15가지를 활용해 나만의 버거를 만드는 즐거움이 파이브 가이즈의 또 다른 매력인데, 'The Presidential Burger'를 주문하는 대화를 볼까요?

★★★★★

Employee	What can I get for you?
점원	무엇을 드릴까요?
Customer	I'd like to order a cheeseburger with lettuce, tomatoes, lots of jalapenos and mustard.
손님	치즈 버거 하나에 양상추, 토마토, 할라피뇨 많이 추가, 그리고 머스터드 소스 뿌려주세요.
Employee	I recognize this combination. Someone ordered the exactly same thing yesterday.
점원	이 조합 기억나요. 어제 누가 똑같은 주문을 했거든요.
Customer	Really? I saw this secret menu on Google. It's called The Presidential Burger.
손님	진짜요? 이 시크릿 메뉴 구글에서 봤어요. 대통령 버거라고 하던데요.
Employee	Aha. Would you like your jalapeno grilled?
점원	그렇군요. 할라피뇨는 구워서 드릴까요?
Customer	You can do that?
손님	그렇게도 되나요?
Employee	Sure.
점원	그럼요.
Customer	Then I'd like it grilled.
손님	그럼 구워 주세요.
Employee	No problem. Anything else?
점원	그럴게요. 또 주문하실 건요?
Customer	One little cajun fries, please.
손님	작은 케이준 프라이도 하나 주세요.
Employee	Great choice.
점원	좋은 선택이네요.

Menu

파이브 가이즈에서 고소한 감자튀김과 내가 고른 토핑을 듬뿍 얹은 햄버거를 먹어 보세요. 또 시크릿 메뉴도 도전해 보면, 예상치 못한 조합에서 다른 버거의 매력을 발견할 수 있을 거예요.

Cheeseburger
치즈버거

Bacon Cheeseburger
베이컨 치즈버거

Hamburger
햄버거

Little Cheeseburger
리틀 햄버거 (패티가 한 장 들어간 햄버거)

Little Bacon Cheeseburger
리틀 베이컨 치즈버거

Hot Dog
핫도그

Bacon Cheese Dog
베이컨 치즈 핫도그

Cajun Style Fries
케이준 스타일 감자튀김

Regular Fries
감자튀김

Oreo Milkshake
오레오 밀크셰이크

착한 가격과 신선한 재료로 통하는 햄버거

최근 물가가 많이 올라서 이제는 패스트푸드도 더 이상 저렴하지 않다는 생각이 들 때가 많죠. 그런데 웬디스는 맛있고 가격 부담 없는 메뉴들로 특히 사랑받고 있습니다.

일반 버거 가격은 다른 패스트푸드점과 비슷하지만, 'Biggie Deals(비기 딜스)' 코너에는 사이즈가 조금 작은 버거 8가지가 있어서 부담 없이 고르기 좋아요. 소식하는 사람들에게도 좋고, 가볍게 한 끼 때우기에도 딱입니다. 버거 두 개를 골라도 부담되지 않아 여러 가지 맛을 동시에 먹어볼 수도 있습니다.

웬디스의 소고기 패티는 (냉동 아닌) 냉장 상태의 신선한 고기로 만들어요. 웬디스의 슬로건인 'Quality is our recipe(좋은 재료가 웬디스의 레시피입니다)'

와 잘 어울리는 부분이죠. 패티는 독특하게 정사각형 모양인데, 햄버거 빵 밖으로 살짝 삐져나와 '저희 패티 이렇게 실하답니다!'라고 시각적인 효과를 줘요.

'Wendy's doesn't cut corners'라는 홍보 문구도 사용합니다. 'Cut corners'는 '일을 쉽게 하려고 원칙을 무시하다'라는 뜻이에요. 웬디스에서는 우리는 '원칙을 지킨다', 그리고 말 그대로 '패티 모서리를 깎지 않는다'는 중의적 표현으로 쓰고 있어요.

프로스티 & 감자튀김의 단짠 궁합
비기 딜스의 저렴한 치킨 샌드위치는 소고기 패티처럼 신선한 고기를 쓰진 않아요. 갈아서 만든 냉동 치킨 패티지만 여전히 맛있어요. 바삭한 치킨에

치즈, 베이컨, 신선한 채소가 어우러져 짭짤하고 고소한 맛이에요. 작은 사이즈이지만, 사이드 메뉴와 함께 배부르지 않게 즐기기 딱 좋아요.
치킨 너겟은 어린시절 학교 앞 분식집의 추억이 떠오르는 맛이에요. 허니 머스터드 소스에 찍어 먹으면 '단짠' 조합을 제대로 느낄 수 있죠. 이 소스는 감자튀김과도 잘 어울려서 주문 시 소스를 넉넉하게 2개씩 달라고 하면 좋습니다. 스파이시 치킨 너겟은 매콤함 덕분에 너겟의 불량스러운 맛이 덜 느껴져요.

웬디스의 감자튀김은 파이브 가이즈만큼 강렬하진 않지만, 따끈하고 바삭한 식감이 일품이에요. 맥도날드를 비롯해서 다른 패스트푸드 점의 감자튀김보다 훨씬 만족스럽죠. 감자튀김을 프로스티(frosty)에 찍어 먹는 조합도 정말 추천해요.

프로스티는 밀크셰이크와 아이스크림 중간 정도 질감의 디저트 음료인데, 미국에서는 감자튀김을 여기에 찍어 먹곤 해요. 물론 미국에서도 호불호는 갈리지만, '단짠단짠'을 좋아한다면 꼭 한번 도전해 보세요. 짠 감자튀김과 달콤하고 시원한 프로스티의 조화가 찰떡 궁합을 자랑합니다. 오렌지 크림, 파인애플, 딸기 등 시즌 한정 프로스티도 나오는데, 의외로 감자튀김과 다 잘 어울려요.

저렴한 '밀 딜스' 세트 주문해보기

웬디스에서 크리스피 치킨 BLT 비기 백에 스파이시 치킨 너겟 4조각, 작은 바닐라 프로스티, 허니 머스터드 소스, 주니어 사이즈 감자튀김을 추가해서 주문하는 대화를 볼게요.

★★★★★ 11.mp3

Customer	I'd like to get a Crispy Chicken BLT Biggie Bag, please.
손님	크리스피 치킨 BLT 비기 백 하나 주세요.
Employee	The Biggie Bag includes a Crispy Chicken BLT sandwich, small fries, a 4-piece nugget, and a small drink. What kind of nuggets would you like?
점원	비기 백에는 크리스피 치킨 BLT 샌드위치 하나, 감자튀김 작은 것, 치킨 너겟 4조각, 작은 음료 하나가 포함됩니다. 너겟은 어떤 걸로 하시겠어요?
Customer	Spicy chicken nuggets.
손님	스파이시 치킨 너겟이요.
Employee	Your drink?
점원	음료는요?
Customer	Small vanilla frosty. And 2 packs of honey mustard, please.
손님	작은 바닐라 프로스티요. 그리고 허니 머스터드 2팩도 주세요.
Employee	No problem. Anything else?
점원	문제 없어요. 또 다른 건요?
Customer	That's all.
손님	그게 전부예요.
Employee	What's your name?
점원	이름이 어떻게 되세요?
Customer	Jin.
손님	진이요.
Employee	Alright. Your order will be ready shortly.
점원	알겠습니다. 주문하신 음식이 금방 나올 거예요.

(음식이 나오면 주문 시 말한 내 이름과 주문 번호가 모니터에 뜬다)

Menu

웬디스는 합리적인 가격이 자랑할 만하다고 했죠? 주머니 사정이 여유 있다면 일반 버거 메뉴를, 식비를 줄이고 싶은 날에는 비기 딜스나 밀 딜스 등 실속 메뉴를 활용해 보세요.

Baconator
베이커네이터 (베이컨이 들어간 더블 패티 햄버거)

Dave's Single
데이브스 싱글 (채소가 들어간 햄버거)

Spicy Chicken Sandwich
스파이시 치킨 샌드위치

Jr. Bacon Cheeseburger
주니어 베이컨 치즈버거

Asiago Ranch Chicken Club
아시아고 랜치 치킨 버거

Chicken Nuggets
치킨 너겟

Apple Pecan Chicken Salad
애플 피칸 치킨 샐러드

Chili
칠리 콘 카르네

Chocolate Frosty
초콜릿 프로스티

French Fries
감자튀김

가장 느린 '패스트'푸드

컬버즈는 유제품으로 유명한 위스콘신주에서 시작한 패스트푸드 브랜드입니다. 창업자 크레이그 컬버(Craig Culver)는 어릴 적 어머니가 만들어준 햄버거와 프로즌 커스터드(크림과 달걀로 맛을 낸 아이스크림 형태의 디저트)에서 영감을 받아, 1984년에 아내와 부모님과 함께 컬버즈를 열었어요. 이후 빠르게 성장해서 2025년 기준 미국 전역에 1,000개 이상의 매장을 두고 있습니다.

보통 패스트푸드는 식욕을 자극하는 빨간색을 브랜드 색으로 많이 쓰는데요, 컬버즈는 다른 패스트푸드점들과 다르게 파란색을 사용해요. 식욕을 억제하는 효과가 있는 색으로 알려진 파란색을 썼음에도 불구하고 여전히 사랑받고 있는 걸 보면, 맛있는 음식 앞에서 브랜드 색 따위는 중요하지 않나 봐요.

컬버즈는 주문 방식이 조금 친절해요. 보통 패스트푸드는 카운터에서 주문한 음식이 나오지만, 컬버즈는 카운터에서 주문하면 먼저 번호표를 주고, 자리에 앉아 있으면 직원이 음식을 직접 가져다줘요. 주문 후 조리를 원칙으로 하기 때문에 음식이 나오는 데 시간이 좀 걸려요. 그래서 컬버즈를 '가장 느린 패스트푸드(the slowest fast food)'라고 부르기도 하죠.

깜짝 놀랄 정도의 고퀄리티 패티

버터를 발라 노릇하게 구운 번에, 풍미 가득한 패티가 들어있는 컬버즈 버거는 정말 맛있어요. 특히 처음 먹은 분들은 입을 모아 너무 맛있다고 놀라죠. 탄수화물을 덜 먹고 싶다면, 빵 없이 더블 패티만 주문해도 좋아요. 셀프바에 있는 서양 고추냉이(horseradish) 소스를 곁들여 먹으면 꿀 조합이죠. 제 아이들은 원래 웬디스를 좋아했는데, 컬버즈를 맛보자마자 다른 패스트

푸드점은 찬밥 신세가 되어버렸어요. 웬디스의 프로스티는 대체 불가지만, 햄버거는 컬버즈에서 먹고 싶어해요.

사이드 메뉴 중 어니언링은 바삭하고 고소해서 만족도가 높아요. 치즈 커드 튀김(fried cheese curd)은 짠맛이 조금 강하지만, 컬버즈의 인기 메뉴 중 하나입니다. 프로즌 커스터드(frozen custard)와 콘크리트 믹서 (concrete mixer, 바닐라, 혹은 초콜릿 프로즌 커스터드에 다양한 토핑을 섞은 메뉴)가 인기 디저트예요. 프로즌 커스터드는 아이스크림과 비슷한데, 달걀 노른자가 들어 있어 더 부드럽고 진해요. 바닐라나 초콜릿 베이스의 프로즌 커스터드에 30가지 넘는 토핑 중에서 원하는 걸 골라 주문할 수 있어요. 콘크리트 믹서는 맥도날드의 맥플러리와 비슷한 느낌으로, 과일과 치즈케이크 조각을 곁들이는 조합을 추천합니다.

햄버거와 콘크리트 믹서에 원하는 토핑 넣어서 주문하기

컬버즈에서는 세트 메뉴를 '밸류 바스켓(value basket)'이라고 부릅니다. 머쉬룸 스위스 싱글 버거 세트에 사이드는 어니언 링, 음료는 언스위트 티로 주문하는 대화를 볼게요. 컬버즈의 기본 버터 버거는 채소나 소스가 전혀 들어가지 않고 패티만 제공돼요. 그래서 원하는 재료가 있으면 꼭 얘기해야 합니다. 가장 기본적인 옵션은 '더 웍스(the works)'로 케첩, 머스터드, 피클, 양파가 포함되어 있어요.

★★★★★

Customer	I'd like to order a Mushroom & Swiss Value Basket with a single patty. Add lettuce, tomato, grilled onion, please.	
손님	머쉬룸 스위스 세트를 주문하고 싶어요. 패티는 한 장으로 해주시고, 상추, 토마토, 구운 양파 추가요.	
Employee	Sure thing. What kind of side would you like?	
점원	그럴게요. 사이드 메뉴는 어떤 걸로 하시겠어요?	
Customer	Onion rings.	
손님	어니언 링이요.	
Employee	And for your drink?	
점원	음료는요?	
Customer	Small concrete mixer.	
손님	작은 콘크리트 믹서로 주세요.	
Employee	What flavor would you like, and any mix-ins?	
점원	어떤 맛으로요? (바닐라와 초콜릿 둘 중 선택 가능) 토핑은 어떤 걸로 드릴까요?	
Customer	I'll go with vanilla. Add blackberries and cheesecake pieces.	
손님	바닐라요. 토핑은 블랙베리와 치즈케이크 조각으로 넣어주세요.	
Employee	Perfect. Anything else?	
점원	좋아요. 또 필요한 것 있나요?	
Customer	That's good, thanks.	
손님	그걸로 됐어요. 감사합니다.	

Menu

컬버스는 '조금 느린' 패스트푸드이지만, 그만큼 신선한 맛을 경험할 수 있으니 기다리는 시간이 아깝지 않을 거예요.

ButterBurger
버터버거 (기본 햄버거)

ButterBurger Cheese
치즈 버터버거

Culver's Deluxe
컬버스 디럭스 (치즈와 채소가 추가된 햄버거)

Mushroom & Swiss ButterBurger
머쉬룸 스위스 버터버거

North Atlantic Cod Dinner
북대서양산 대구 튀김 세트

Chicken Tenders
치킨 텐더

Wisconsin Cheese Curds
치즈 커드 튀김

Crinkle Cut Fries
크링클 컷 감자튀김

Chocolate Oreo Concrete Mixer
초콜릿 오레오 콘크리트 믹서

Brownie Batter Overload Frozen Custard
브라우니 맛 프로즌 커스터드

써브웨이라는 이름을 들으면 지하철이 먼저 떠오르지만 이 브랜드명은 잠수함(submarine)에서 유래되었어요. 초창기 매장 이름은 Pete's Super Submarines였는데, 긴 빵 속에 햄과 치즈를 넣은 샌드위치 모양이 잠수함과 닮아서 붙인 이름이었죠. 이후 간결하고 기억하기 쉬운 이름을 찾다가, 지하철처럼 빠르고 간편하게 즐길 수 있는 음식이라는 이미지를 강조하고자 '써브웨이'로 브랜드 명을 바꿨어요.

1960년대 론칭 당시만 해도 샌드위치는 차가운 햄이나 치즈를 넣는 음식이라는 인식이 강했는데, 써브웨이는 빵을 토스터기에 구워 바삭하고 따뜻하게 먹는 방식으로 차별화를 시도했어요. 신선한 재료를 강조하기 위해 'Eat Fresh'라는 슬로건을 내세웠죠. 거기에 빵, 고기, 치즈, 채소, 소스 등 원하는 재료를 조합할 수 있는 유연성 덕분에 큰 인기를 끌었죠. 현재는 맥도날드와 스타벅스와 함께 세계에서 가장 큰 식음료 브랜드 중 하나로 자리잡았습니다.

한편으로는 처음 써브웨이를 이용하는 분들은 빵부터 토핑을 고르는 것에 익숙치 않아 진땀을 빼기도 하죠. 그래서 미리 조합을 고민해보고 가는 게 좋아요.

미국 vs 한국 써브웨이의 차이점

써브웨이에서는 빵, 치즈, 채소, 소스를 조합해 무려 3천만 가지 이상의 레시피로 '나만의 샌드위치'를 만들 수 있어요. 그래서 '피자 서브'나 '치킨 파마산 샌드위치'와 같은 특별한 조합의 시크릿 메뉴도 인터넷에서 찾을 수 있어요. 궁금하다면 한 번쯤 검색해 보고 주문해 봐도 재미있을 거예요.

스테이크 앤 치즈 샌드위치는 써브웨이의 인기 메뉴예요. 빵은 이탈리안 허브 앤 치즈를 고르고, 치즈는 프로볼론(provolone)과 페퍼잭(pepper jack)을 반반 섞어 달라고 주문하면 더 맛있어요. 프로볼론은 진한 향과 부드러운 맛이 특징이고, 페퍼잭은 칠리 페퍼(chili pepper, 절여진 매운 고추)가 들어 있는 치즈로 살짝 매콤한 풍미를 더해줍니다. 둘 다 한국에는 없으니 미국에서 한 번 경험해 봐도 좋겠죠? 채소는 취향껏 맘껏 넣고 소스를 생략하면 다이어트에 도움이 돼요. 신선한 채소 덕에 소스 없이도 충분히 맛있게 먹을 수 있고요.

미국 써브웨이는 "더 넣어 주세요(More, please)"라고 요청하면, 손님이 만족할 때까지 채소를 넉넉히 넣어줘요. 미국에 처음 이민을 왔을 때 잘 모르고

있는 재료를 전부 넣어서 주문했다가 샌드위치가 덮이지 않아 터지기도 했어요. 반면 한국에서는 재료를 정량으로 주는 편이라 미국에서 써브웨이를 가보았다면 한국 써브웨이가 살짝 아쉽게 느껴질 수도 있어요.
한국에서는 '꿀조합', '다이어트 메뉴'처럼 맛과 건강을 동시에 챙기는 팁을 소개하는 경우가 많죠. 그런데 미국에서는 다이어트 따위는 잊고 맛에 충실한 조합이 소셜 미디어에 자주 돌아다닙니다.

주문대 앞에서 복잡한 메뉴 선택 때문에 영어가 부담스럽다면, 주문 전 온라인 주문 화면을 미리 살펴보거나 원하는 재료 이름을 적어서 보여주세요. 특히 드라이브스루 매장은 재료를 눈으로 볼 수 없어 난이도가 훨씬 높기 때문에, 익숙하지 않다면 매장에서 주문하는 게 훨씬 수월합니다.

커스텀 샌드위치 주문하기

써브웨이 샌드위치를 먹다 보면 6인치는 양이 살짝 아쉽고, 12인치(30cm) 풋롱은 너무 많을 때가 있어요. 중간 사이즈가 있으면 딱이지만 칩과 음료를 세트로 팔아서 객단가를 올리기 위한 전략일지 모르겠네요. 인기 메뉴 중 하나인 12인치 스테이크 앤 치즈 샌드위치를 주문하는 대화를 볼게요.

★★★★★   13.mp3

Customer 손님	I'd like to order a toasted footlong Steak and Cheese sandwich with Italian herb and cheese bread, please. 스테이크 앤 치즈 샌드위치 30cm 사이즈를 이탈리안 허브 빵으로 해서 주문하고 싶어요. 토스터기에 구워 주시고요.
Employee 점원	Perfect. Do you want to add any extra cheese or double the meat? 완벽하네요. 치즈나 고기를 추가하시겠어요?
Customer 손님	Are they extra? 추가 요금이 있나요?
Employee 점원	Yes. 네.
Customer 손님	Then just regular. 그럼 (추가 비용 없는) 보통으로 해주세요.
Employee 점원	Of course. What type of cheese would you like? 그렇게 해드릴게요. 치즈는 어떤 종류로 하시겠어요?
Customer 손님	Half provolone, half pepper jack cheese. 프로볼론, 페퍼잭 치즈 반반씩요.

Employee	Would you like any veggies on it?	
점원	채소는 어떤 걸로 하시겠어요?	

Customer	Green peppers, onions, lettuce, spinach, tomatoes, jalapeno, and lots of black olives.	
손님	피망, 양파, 양상추, 시금치, 토마토, 할라피뇨, 그리고 블랙 올리브 듬뿍 넣어주세요.	

(올리브의 양이 만족스럽지 않다)

Customer	More olives, please.	
손님	올리브 더 주세요.	

(점원이 올리브를 추가해준다)

Employee	Is this good?	
점원	이제 괜찮은가요?	

Customer	Yes, thank you. And I don't want any sauce.	
손님	네. 감사합니다. 그리고 소스는 뿌리지 마세요.	

Employee	Alright. Anything else?	
점원	네. 또 필요한 것 있나요?	

Customer	That's all.	
손님	그게 전부예요.	

Menu

써브웨이에서 나만의 샌드위치를 만들어 보고, 써브웨이만의 후한 재료 인심도 체험해보면 재미있을 거예요.

Italian B.M.T.
이탈리안 비엠티 (살라미, 페퍼로니, 블랙 포레스트 햄 샌드위치)

Turkey Breast Sandwich
칠면조 햄 샌드위치

Meatball Marinara
미트볼 샌드위치

Subway Club
써브웨이 클럽 (칠면조, 로스트 비프, 블랙 포레스트 햄 샌드위치)

Veggie Delite
채소 샌드위치

Tuna Sandwich
참치 샌드위치

Steak & Cheese
스테이크 & 치즈 샌드위치

Chicken Bacon Ranch Melt
치킨 베이컨 랜치 멜트 (녹인 치즈가 들어간 치킨 베이컨 랜치 샌드위치)

Rotisserie-Style Chicken
로티서리 치킨 샌드위치 (잘게 찢은 닭고기가 들어간 샌드위치)

Spicy Italian
스파이시 이탈리안 (페퍼로니, 살라미 샌드위치)

다채로운 핫소스를 고르는 재미

'파이어하우스(Firehouse)'는 '소방서'를 뜻하는 고전적인 표현입니다. "소방서와 샌드위치가 무슨 관련이 있지?" 싶지만, 실제로 파이어하우스는 소방관 형제가 창업해서 나온 이름입니다.

그런 배경 덕분에 매장 곳곳에는 소방서와 소방관 콘셉트가 살아 있어요. 빨간색 중심의 인테리어에 방화복과 소방 헬멧 같은 장비가 전시돼 있고 지점마다 다르지만 소방과 관련된 대형 벽화도 눈길을 끕니다. 파이어하우스 서브는 창업자의 정체성을 살려, 수익 일부를 지역 소방서와 안전 관련 프로그램 등에 기부하고 있다고 하네요. 음식점 그 이상의 가치로 커뮤니티를 위한 브랜드라는 정체성을 갖죠.

참고로 미국에서는 소방관을 굉장히 존경하는 분위기예요. 사이렌을 울리며 달리는 소방차에 민원을 제기하는 경우도 극히 드물고, 화재 현장에 접근할 땐 불법 주차 차량을 밀거나 파손해서라도 진입하기도 하죠. 그러니 미국 여행 중에는 절대 불법 주차를 하지 않는 게 좋습니다.

고기가 듬뿍 들어간 샌드위치와 다양한 핫소스

파이어하우스 서브에서는 4, 8, 12인치 샌드위치를 선택할 수 있어, 써브웨이보다 선택 폭이 더 넓은데요, 특히 샌드위치에 고기 양을 푸짐하게 넣어주는 걸로 유명하죠. 추천하는 고기는 브리스킷(Brisket)인데요, 몇 시간 동안 천천히 훈연한 소고기 부위로, 입안 가득 퍼지는 스모키한 풍미와 야들야들한 식감이 일품이에요. 짭짤하면서 소고기 특유의 묵직한 맛을 즐기기

에 안성맞춤입니다.

파이어하우스에서는 건강보다는 맛을 우선시하는지 채소 종류는 다양하지 않아요. 대신 빵의 속을 파내어 탄수화물을 줄여주는 'Less bread' 옵션 정도만 준비되어 있습니다. 기본 간이 센 편이라 빵까지 덜어내면 평소에 싱겁게 먹는 사람에게는 더 짤 수 있어요.

다양한 핫소스 또한 파이어하우스 서브의 인기 요인인데요. 살짝 매콤한 맛부터 불타는 듯한 매운맛까지 다양하게 있습니다. 저는 창업 형제의 아버지 이름을 딴 특제 소스 'Captain Sorensen's Datil Pepper Hot Sauce', 그리고 멕시코에서 넘어온 촐룰라(Cholula) 소스를 좋아합니다. 둘 다 맵지는 않고 한국인의 입맛에는 살짝 매콤한 정도입니다.

사이드로 나오는 피클은 보통 딜 피클(dill pickle)인데, 한국식 새콤달콤한 피클과 달리 더 시고 짠 맛이 강해서 호불호가 있을 수 있어요. 우리가 자주 먹는 새콤달콤한 피클은 브레드 앤 버터(bread and butter) 피클이라고 불러요.

원하는 재료 넣어서 샌드위치 주문하기

시즌 메뉴였다가 인기가 많아 정식 메뉴로 편입된 '스모크하우스 비프 & 체다 브리스킷 샌드위치'를 주문하는 대화를 볼게요. 이 샌드위치는 채소가 거의 들어가지 않지만, 원한다면 양상추, 토마토 등 채소를 추가할 수 있습니다.

★★★★★

Customer 손님	Hi. I'd like to order a medium Smokehouse Beef & Cheddar Brisket. 안녕하세요. 미디엄 스모크하우스 비프 & 체다 브리스킷 샌드위치 하나 주세요.
Employee 점원	What kind of bread would you like? 빵은 어떤 종류로 드릴까요?
Customer 손님	White bread. Less bread, please. 화이트 브레드로요. 속은 파주세요. (싱겁게 먹는 사람에게는 비추천)
Employee 점원	Anything else? 다른 요청 사항은요?
Customer 손님	No mayo. Add lettuce, tomatoes, jalapeno, black olives, caramelized onions, green peppers, please. 마요네즈 빼주세요. 양상추, 토마토, 할라피뇨, 블랙 올리브, 흐물흐물하게 볶은 양파와 피망 넣어 주시고요.
Employee 점원	Great choice. Any drinks or chips? 탁월한 선택이네요. 음료나 감자칩은요?
Customer 손님	I'm good. Just a sandwich. 괜찮아요. 그냥 샌드위치만 주세요.
Employee 점원	There is a hot sauce bar if you'd like some. 저기 핫소스 바가 있어요. 원하시면 가서 드세요.
Customer 손님	Thank you. I'll definitely try some. 감사합니다. 꼭 먹어볼게요.

Menu

파이어하우스 서브에서는 써브웨이와는 또 다른 고기 중심 스타일의 샌드위치를 즐길 수 있어요. 맵지 않은 핫소스와 감칠맛 나는 다양한 소스 종류도 준비되어 있으니, 취향대로 골라보세요.

Hook & Ladder
훅 앤 래더 (칠면조 햄, 허니 햄이 들어간 샌드위치)

Firehouse Meatball
미트볼 샌드위치

Smokehouse Beef & Cheddar Brisket
비프 & 체다 브리스킷 샌드위치

Italian Sub
이탈리안 서브 (살라미, 페퍼로니, 햄 샌드위치)

Turkey Bacon Ranch
터키 베이컨 랜치 샌드위치

Steak & Cheese
스테이크 & 치즈 샌드위치

Club on a Sub
클럽 온 어 서브 (칠면조 햄, 허니 햄, 베이컨 샌드위치)

Engineer
엔지니어 (칠면조 햄, 스위스 치즈 & 머쉬룸 샌드위치)

New York Steamer
뉴욕 스티머 (비프 브리스킷, 파스트라미 샌드위치)

Veggie Sub
배지 서브 (채소 샌드위치)

신선하고 '겁나 빠른' 샌드위치

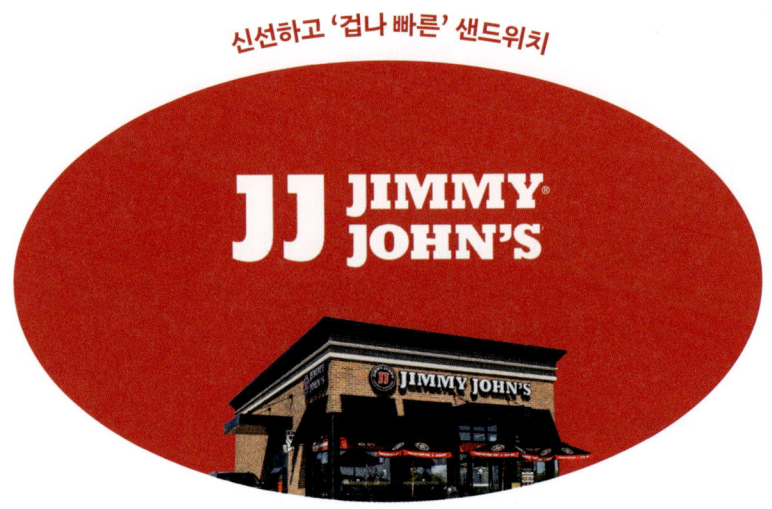

지미 존스의 브랜드명은 창업자 지미 존 리오투드(Jimmy John Liautaud)의 이름에서 따왔어요. 그는 고등학교에서 거의 꼴찌로 졸업했었어요. 공부에는 영 소질이 없어도 사업가 기질은 타고났는지 19살에 첫 샌드위치 가게를 열어 놀라운 성공을 거두었죠.

다른 업종의 가게를 열고 싶었지만 어린 나이에 자금이 넉넉지 않아 간편하게 만들 수 있는 콜드 서브(cold sub) 샌드위치를 메뉴로 선택했어요. 써브웨이나 파이어하우스 서브처럼 빵을 구워주는 핫 서브(hot sub) 대신, 신선한 햄과 치즈로 구성된 차가운 샌드위치에 집중한거죠. 초반에는 주로 콜드 서브에 집중하다가 요즘은 핫 서브도 만드는 매장이 늘어나고 있어요.

지미 존스는 진짜 빠르게 나오는 게 특징이에요. 슬로건마저 'Freaky Fast(겁나 빠른)'이죠. Freaky는 이상한, 기이한, 엉뚱한, 소름끼치는 등의 뜻을 가진 비격식 영어 표현인데, 여기서는 '겁나' 정도로 해석할게요.

지미 존스가 이렇게 빠르게 나올 수 있는 이유는 빵의 종류를 단순화해 고르는 시간을 줄이고 치즈는 프로볼론(provolone, 잘 늘어나면서 숙성도에 따라 풍미가 더해지는 이탈리안 치즈), 체다, 파마산 치즈 세 가지만 사용하기 때문이에요. 그래도 신선한 재료와 조화로운 맛으로 충분히 만족스럽습니다. 프로볼론은 풍미가 뛰어나고 다양한 재료와 잘 어울리는 치즈라서 강력 추천합니다.

빠르게 만들어도 여전히 맛있는 빵의 비결

가게 안에는 신선한 빵 냄새가 진동해서, 'free smell(냄새는 공짜)'라는 위트 있는 문구가 붙어 있을 정도예요. 냄새만큼이나 샌드위치 맛도 훌륭합니다. 붐비는 점심시간에도 샌드위치가 정말 빨리 나와요.

지미 존스는 배달 서비스에서도 속도를 강조합니다. 매장으로부터 5분 거리 안에 샌드위치 배달 구역(Sandwich Delivery Zones)을 설정해 주문부터 10분 안 배달을 목표로 해요. 'Freaky fast delivery' 시스템이라고 불러요. 우버이츠(Uber Eats)나 도어대시(DoorDash) 같은 배달 서비스를 이용할 경우는 해당되지 않습니다. 지미 존스의 배달 거리 밖에 살고 있는 사람들은 타사 서비스를 이용할 수밖에 없죠.

지미 존스에서 제가 추천하는 메뉴는 'Billy Club(빌리 클럽)'인데요. 로스트 비프와 햄, 프로볼론 치즈가 조화를 이루어 짭짤하고 고소한 맛이 일품입니다. 미국 햄은 짠 편이라 살짝 자극적으로 느껴질 수 있어요.

기본 빵은 매장에서 4시간마다 직접 굽는 '프렌치 브레드'인데, 따로 판매하진 않고 인터넷에 레시피가 돌 정도로 인기가 많아요. 빵 없이 양상추에 속 재료를 싸서 제공하는 '언위치(Unwich)' 메뉴는 저탄수 다이어트를 하는 분들 사이에서 인기가 많고요.

프리비 재료를 추가해서 빌리 클럽샌드위치 주문하기

무료 토핑을 추가한 Billy Club(빌리 클럽) 샌드위치를 주문하는 대화를 볼게요. 메뉴판에 Freebies라고 적힌 항목들은 추가 요금 없이 자유롭게 넣을 수 있는 재료들이니 참고하세요. Freebie는 영어로 공짜, 무료 제공을 뜻합니다.

★★★★★ 15.mp3

Employee 점원	Hi. What can I get for you today? 안녕하세요. 뭘로 드릴까요?
Customer 손님	Hi. I'd like to order a Billy Club, please. 안녕하세요. 빌리 클럽 샌드위치를 주문하고 싶어요.
Employee 점원	Sounds good. Regular or giant? 좋네요. 레귤러요? 자이언트 사이즈요?
Customer 손님	I'll go with the regular size. No mayo and I'd like to add cucumber, onion, and oregano. 레귤러 사이즈로 할게요. 마요네즈는 빼주시고요, 오이, 양파와 오레가노 추가해 주세요.
Employee 점원	Would you like any sides or a drink with that? 사이드 메뉴나 음료 추가하시겠어요?
Customer 손님	No. Just a sandwich. 아뇨. 샌드위치만요.

(샌드위치가 나온다)

Employee 점원	Your sandwich is ready! 샌드위치 나왔습니다!
Customer 손님	Oh, can I get a water cup? 아, 물컵 주실 수 있나요?
Employee 점원	No problem. Here you go. 그럼요. 여기요.
Customer 손님	Thank you. 감사합니다. (소다 머신에서 무료로 물을 받을 수 있다)

Menu

지미 존스에서는 써브웨이 정도까진 아니지만 간단하게 커스터마이징한 샌드위치를 먹을 수 있어요. 여행 중 시간이 촉박할 때 근처에 있다면 꼭 들러보세요.

Turkey Tom
터키 탐 (칠면조 햄 샌드위치)

Italian Night Club
이탈리안 나이트 클럽 (살라미, 햄, 치즈 샌드위치)

Big John
빅 존 (로스트 비프 샌드위치)

Club Lulu
클럽 룰루 (칠면조 햄 BLT 샌드위치)

Beach Club
(칠면조 햄, 아보카도 스프레드가 들어간 샌드위치)

Jimmy Cubano
지미 쿠바노 (햄, 베이컨, 치즈, 피클, 머스터드, 마요네즈가 들어간 쿠바식 샌드위치)

Pepe
페페 (햄치즈 샌드위치)

Veggie
베지 (채소 샌드위치)

Billy Club
빌리 클럽 (로스트 비프와 햄이 들어간 샌드위치)

Hunter's Club
헌터스 클럽 (더블 로스트 비프 샌드위치)

치폴레는 유학생들이 한국에 돌아가면 가장 그리워하고, 타국에서 생활하는 미국인들 역시 고향을 방문하면 꼭 들르는 식당 중 하나예요. 2026년에 1호점이 들어온다고 해서 많은 사람들이 기대 중입니다.

2025년 기준 미국에는 3,500개가 넘는 점포가 있어 어디서든 쉽게 찾을 수 있어요. 하지만 해외에서는 캐나다, 유럽 등 일부 국가 매장을 합쳐 90개 정도 밖에 안 돼 귀한 존재입니다. 치폴레의 창업자 스티브 엘스(Steve Ells)는 미국의 권위 있는 요리학교CIA(Culinary Institute of America)를 졸업했어요. 파인 다이닝 레스토랑을 창업한 후, 운영 자금 마련을 위해 소소하게 캐주얼 부리또 식당인 치폴레를 열었는데 이게 큰 성공을 거두었습니다.

치폴레는 모든 매장이 직영점 형태로 운영되고 있어요. 덕분에 어느 정도

통일된 품질을 유지하죠. 하지만 매장마다 직원의 친절도, 준비 상태 등은 편차가 있기 마련이고 치폴레도 그래요.

치폴레(Chipotle)의 발음이 조금 어렵게 느껴질 수 있는데요. 원래는 '취포틀레'지만, 미국 영어 연음 특성상 중간에 있는 't'가 흘리듯이 거의 소리가 나지 않아서 '취폿을레'처럼 발음됩니다. 여기에 원어민의 빠른 영어 속도가 더해지면 대충 '취폴레'처럼 들려요. 강세는 두 번째 음절인 'o'에 있습니다.

건강한 재료 뒤에 숨은 칼로리 함정

치폴레의 대표 메뉴는 부리또(Burrito)와 부리또 보울(Burrito Bowl)입니다. 부리또는 커다란 또띠야에 밥, 고기, 콩, 채소, 살사 등을 가득 싸줘요. 한 입 크게 베어 물어도 표시가 안 날 만큼 큼직한 사이즈입니다. 부리또 보울은

똑같은 재료를 그릇에 담아 먹는 방식이라 좀 더 깔끔하게 먹을 수 있고, 양도 더 많은 편입니다.
그래서 부리또 보울을 시키고, 추가 금액을 내고 또띠야를 따로 주문해서 직접 말아먹는 사람들도 있어요. 같은 가격에 부리또를 하나 만들어 먹고도 재료가 남는 셈이라, 일종의 꿀팁이라고 할 수 있죠.

치폴레의 음식은 항생제나 성장촉진제를 사용하지 않은 고기, 밥, 신선한 채소, 다양한 살사 등의 재료를 조합해서 만들어요. 구매자가 선택할 수 있으며 어떤 조합을 골라도 신선하고 맛있는 편이죠. 비건이라면 고기 대신 으깬 두부에 갖은 양념을 더한 소프리타스(Sofritas)를 선택하면 됩니다.

언뜻 보기엔 건강식 같지만, 재료, 특히 소스에 따라 1,000kcal가 훌쩍 넘을 수도 있어요. 특히 치즈, 사워크림, 과카몰리(guacamole)는 맛을 살려주지만, 많이 넣으면 칼로리가 높아지는 점 유의하세요.

재료가 떨어졌을 때 컴플레인하기

미국에서 불합리한 일을 당하면 상대방이 알아주길 바라지 말고 나서서 말을 해야 합니다. 매장에서 불편한 점이 있을 때 이야기하면 가능한 범위 내에서 시정해주는 편입니다. 물론 예의는 지켜야겠지만 가만히 있으면 손해를 보게 되는 경우도 있으니 컴플레인하는 법도 알아두세요. 컴플레인하는 대화를 살펴볼게요.

★★★★★ 16.mp3

Customer 손님	Hi. I'd like to order a smoked brisket burrito bowl. 안녕하세요. 스모크 브리스킷 부리또 보울을 주문하고 싶어요.
Employee 점원	Sure thing. What kind of rice would you like? 알겠습니다. 밥은 어떤 종류로 고르시겠어요?

(푸드바에 놓여있는 재료를 보면서 하나씩 말한다)

Customer 손님	White rice, no bean, salsa, corn, green chili salsa. Do you have fajita veggies? 흰쌀밥으로 주시고요, 콩은 빼 주세요. 살사, 옥수수, 그린 칠리 살사 넣어 주세요. 파히타 채소 있나요?
Employee 점원	No, we're out now. 아뇨, 지금은 없어요.
Customer 손님	How long does it take to make it? 준비하는데 시간이 얼마나 걸리는데요?
Employee 점원	About 50 minutes. 50분 정도요.
Customer 손님	What? Never mind. Lettuce and sour cream on the side. I don't see any cheese. 뭐라고요? 신경 쓰지 말아야겠네요. 상추 넣어 주시고 사워 크림은 따로 담아주세요. 치즈가 안 보이네요.
Employee 점원	Sorry, we don't have cheese at the moment. 죄송합니다. 지금은 치즈가 없어요.

(화난 손님)

Customer 손님	Are you serious? You don't have fajita veggies and no cheese? This is ridiculous. Can I cancel my order? 말도 안돼요. 파히타 채소가 없다고 하더니 치즈도 없다고요? 어이가 없네요. 주문 취소할 수 있나요?

(뒤에서 보고 있던 매니저 등장)

Manager 매니저	**You can, if you want. But I can give you queso instead. It's also made of cheese. We won't charge you extra.** 원하시면 취소할 수 있어요. 그런데 대신 퀘소(치즈 딥. 추가 요금 있음)를 드릴 수 있어요. 그것도 치즈로 만든 거니까요. 추가 요금은 안 받을게요.	

(잠시 생각 후)

Customer 손님	**Okay. I'll take it.** 알겠습니다. 그렇게 할게요.
Manager 매니저	**Thank you for understanding.** 이해해 주셔서 감사합니다.

치폴레는 깔끔한 재료와 뛰어난 맛 덕분에, 미국에 살던 분들이 가장 그리워하는 음식 중 하나로 자주 꼽죠. 다양한 재료를 조합해보며 나만의 '최애 조합'을 찾는 재미를 느껴봐도 좋아요.

Chicken Burrito
치킨 부리또

Carnitas Burrito
카니타스 부리또 (푹 삶은 돼지고기가 들어간 부리또)

Steak Burrito Bowl
스테이크 부리또 보울

Barbacoa Bowl
바바코아 보울 (잘게 찢은 소고기가 들어간 부리또 보울)

Sofritas Bowl
소프리타스 보울

Chicken Tacos
치킨 타코

Steak Tacos
스테이크 타코

Chips & Queso Blanco
퀘소 딥과 또띠야 칩

Chips & Guacamole
과카몰리와 또띠야 칩

Chicken Quesadilla
치킨 퀘사디아

타코벨(Taco Bell)은 타코, 퀘사디아, 부리토 등을 파는 멕시칸 스타일 패스트푸드 프랜차이즈입니다. 현재 미국뿐 아니라 30개국 넘게 진출해 많은 사람들의 꾸준한 사랑을 받고 있어요.

멕시코 현지인들은 타코벨은 멕시코 음식으로 인정하지 않는 분위기예요. 타코벨은 멕시코 정통 음식보다 미국인 입맛에 맞춰 현지화된 퓨전 음식점이기 때문이죠. Authentic이라는 단어는 '정통, 본고장 스타일'이라는 의미인데요, Authentic은 아니라는 거죠. 예를 들어 타코벨의 타코에는 양상추, 간 소고기, 치즈, 토마토 등이 들어가지만, 멕시코 정통 타코는 양파, 고수, 고기가 들어가고, 위에 라임즙을 뿌려먹는 차이가 있어요.
정통 멕시코 음식이 궁금하다면, 미국에서 구글에 'Mexican food truck

near me'라고 검색해 찾아가 보세요. 멕시코인들이 직접 운영하는 푸드트럭으로 현지의 맛을 느낄 수 있고 가격도 합리적입니다. 단, 현금만 받는 곳이 많으니 미리 챙겨가면 좋습니다. 카드 결제가 되더라도 수수료가 붙을 수 있다는 점도 참고하세요.

여행 중 이색 아침 메뉴 경험하기

미국 타코벨 아침 메뉴는 한국 타코벨보다 훨씬 다양해요. 예를 들어 스테이크 퀘사디아는 오전 8시부터 11시 사이에는 '브렉퍼스트 스테이크 퀘사디아(Breakfast Quesadilla Steak)'라는 이름으로 약 2달러 저렴하게(2024년 기준) 주문할 수 있습니다. 기본 소스 대신 달걀이 들어가서 더 든든해요. 오전 9시에서 11시 사이에 방문하면 아침 메뉴와 점심·저녁 메뉴를 동시에 주문할 수 있어요. 해시 브라운, 츄러스 맛이 나는 시나몬 트위스트 등 다양하

게 먹어볼 수 있습니다.

무료로 제공되는 파이어 소스(fire sauce)를 곁들이면 음식 맛이 배가 돼요. 이름은 무섭지만 매운맛에 익숙한 한국인 입장에서는 살짝 매콤한 정도입니다. 미국의 'hot'은 우리 기준으로 살짝 매운 맛이라고 보면 됩니다. 안 매운 걸 맵다고 말한다고 미국식 매운맛, 'American hot'이라고 놀리기도 해요.

음료 중에서는 '마운틴 듀 바하 블라스트(Baja Blast)'라는 한국에 팔지 않는 소다를 강력 추천합니다. 타코벨 전용으로 출시된 음료였는데, 계약이 만료되어 지금은 슈퍼마켓에서도 구할 수 있어요. 참고로 스페인어에서 j는 ㅎ로 발음하기 때문에 'baja'는 '바하'라고 읽고, 'fajita'는 '파히타'라고 합니다. 그래서 '하하'를 'jaja'라고 쓰기도 해요. 인터넷에서 자주 볼 수 있죠.

미국 타코벨에는 밸류 메뉴(value menu)가 따로 있어서 3달러 이하의 메뉴들도 즐길 수 있으니 저렴한 한 끼를 원한다면 살펴보세요.(이후 가격이 인상될 수도 있음)

잘못 나온 음료 교환하기

미국 패스트푸드점에서는 메뉴가 잘못 나오는 일이 꽤 자주 있기 때문에 음식이나 음료를 받자마자 제대로 나왔는지 확인하면 좋습니다. 제로 소다를 주문했는데 일반 소다가 나온 상황에서 교환을 요청하는 대화를 볼게요.

★★★★★

Customer	Hi. I have a question. Is it possible to order non breakfast menu items during breakfast hours?
손님	안녕하세요. 질문이 있어요. 아침 식사 시간에 아침 메뉴 아닌 것도 주문할 수 있나요?
Employee	You can do that between 9am and 11am.
점원	오전 9시~11시 사이에는 할 수 있어요.
Customer	Wonderful! I would like to get one breakfast steak quesadilla, hash brown and cinnamon twist.
손님	좋네요! 아침 식사용 스테이크 퀘사디아, 해시 브라운, 시나몬 트위스트 하나씩 주세요.
Employee	Anything to drink?
점원	마실 것은요?
Customer	Oh, yes. Baja Blast zero, please. Small size.
손님	아, 네. 바하 블래스트 제로로 주세요. 스몰 사이즈요.
Employee	Great. Your order will be ready soon.
점원	좋아요. 음식은 금방 준비될 거예요.

(음식을 받아서 먹다 보니 음료 맛이 다르다)

Customer	Excuse me. I ordered Baja Blast zero, but it doesn't taste like zero soda.
손님	저기요. 하바 블래스트 제로를 주문했는데, 맛이 제로 소다 같지 않은데요.
Employee	My apologies for the mix-up! Let me fix that for you right away.
점원	혼란을 드려서 죄송합니다. 바로 바꿔 드릴게요.
Customer	Thank you.
손님	감사합니다.

Menu

타코벨은 아침 메뉴 구성이 좋아서 여행 중 간단한 아침 식사로 딱이에요. 한국에 없는 소다나 사이드 메뉴를 골라 먹는 재미도 느껴 보세요.

Crunchy Taco Supreme
크런치 타코 슈프림

Nacho Cheese Doritos Locos Tacos Supreme
나초 치즈 도리토스 로코스 타코 슈프림 (토리토스 타코쉘로 만든 타코)

Cheesy Gordita Crunch
치즈 고디타 크런치 (타코쉘을 플랫 브레드에 감싼 타코)

Beefy 5-Layer Burrito
비프 파이브 레이어 부리또

Grilled Cheese Burrito
그릴드 치즈 부리또

Fiesta Veggie Burrito
피에스타 베지 부리또

Crunchwrap Supreme
크런치랩 슈프림

Black Bean Crunchwrap Supreme
블랙빈 크런치랩 슈프림

Nachos BellGrande
나초 벨그란데 (또띠야 칩 위에 소고기, 치즈 등의 재료를 얹은 음식)

Cinnabon Delights
시나몬롤 맛 미니볼

낯설지 않게 즐기는 중동의 맛

할랄 가이즈(Halal Guys)는 미국식 중동 요리 전문점인데요. 이집트 출신 이민자 세 명이 뉴욕에서 푸드트럭으로 시작해 미국 16개 주뿐 아니라 캐나다, 영국, 인도네시아, 한국 등에도 지점을 낸 글로벌 프랜차이즈입니다. 처음엔 핫도그를 팔다가 할랄 음식을 본격적으로 판매하면서 큰 성공을 거두었어요. 할랄 음식은 이슬람 율법이 허락한, 무슬림이 먹을 수 있는 음식으로 돼지고기, 알코올 성분, 동물의 피를 금하고, 특정 방식으로 도축한 고기만을 사용해야 합니다.

초기 론칭 때 미국에서는 피를 제거한 고기만을 써야하는 이슬람식 도축법을 적용한 음식점이 거의 없었어요. 그래서 종교적으로 제한이 있는 무슬림 고객들에게 큰 호응을 얻었죠. 특히 뉴욕의 택시 기사들은 파키스탄이나 방글라데시 출신이 많은데, 할랄 가이즈는 맛있고 저렴한 할랄 음식으로 이들 사이에서 입소문(word of mouth)이 빠르게 퍼졌어요. 덕분에 택시를 탄 관광객들에게도 맛집으로 자주 추천되면서 일반인들에게도 유명세를 타게 되었어요. 특색있는 메뉴와 가격 대비 푸짐한 양이 인기의 비결이고, 미국 레스토랑과 다르게 팁을 내지 않아도 되는 점도 한몫했죠.

단백질과 채소, 탄수화물의 완벽한 조화

할랄 가이즈는 밥 위에 고기를 얹고, 채소와 소스를 추가하는 방식으로, 치폴레와 주문 방법이 비슷해요. 먼저 스몰 혹은 레귤러 사이즈를 고르고, 단백질은 치킨, 비프 이로(beef gyro), 팔라펠(falafel) 중에서 선택할 수 있어요. 여기서 gyro는 g가 묵음이라 '이로'라고 읽어요. 꼬치에 꽂아 돌리며 구운 고기로 그리스/지중해 음식입니다.

팔라펠은 병아리콩에 양파와 향신료를 섞어 동그랗게 튀겨낸 것으로 고기가 들지 않았음에도 단백질이 풍부해 채식주의자들에게 인기가 많아요. 사이드 메뉴로도 추가할 수 있죠. 주문 즉시 튀기기 때문에 겉은 바삭하고 속은 촉촉한 상태로 나와요. 간이 센 편이라 맥주 안주로도 잘 어울릴 것 같지만, 무슬림은 종교적인 이유로 술을 안 마시기 때문에 이런 조합은 맛볼 수 없는 게 아쉽죠.

플래터에는 주황색의 양념밥, 양상추, 토마토, 그리고 부드러운 피타빵이 기본으로 제공돼요. 고기는 간이 잘 배어 있는데, 잡내 없이 은은한 향신료 향이 나는 게 매력이에요. 생양파나 피망은 무료로 추가할 수 있고, 할라피노·올리브 등 일부 토핑은 추가 요금이 붙어요.

할랄가이즈의 화이트 소스와 레드 소스도 유명해요. 화이트 소스는 마요네즈 느낌이나지만 덜 느끼한데 고소해요. 레드 소스는 꽤 매우니 매운 걸 잘 못 먹는다면 살짝만 뿌리세요. 화이트 소스를 많이 달라고 하면 재료가 안 보일 만큼 듬뿍 뿌려줍니다.

바클라바(baklava)라는 지중해나 중동 지역의 디저트도 맛있어요. 겹겹이 쌓은 얇은 도우 사이에 견과류와 꿀이 들어 있어 바삭하고 달콤한 식감입니다. 매장마다 맛 차이가 큰 음식이기 때문에 처음 먹어본 곳에서 별로였다면 너무 실망하지 마세요. 잘하는 곳에서 먹으면 정말 맛있으니 한 번 더 도전해 보세요.

익숙하지 않은 음식 주문하는 방법
할랄 가이즈도 치폴레 못지 않게 선택해야 하는 옵션이 많아 주문대 앞에서 긴장하기 딱 좋아요. 할랄 음식이라고 어색해 하지 말고, 미리 알고 가는 우리는 여유롭게 물어보면서 차근차근 주문해 보자고요.

★★★★★　　　　　　　　　　　18.mp3

Customer 손님	Hi. It's my first time here. What would you recommend? 안녕하세요. 여기 처음인데요. 어떤 음식을 추천하세요?
Employee 점원	Welcome. Platters are the most popular menu. It comes with your choice of protein, rice, pita, lettuce and tomato. 환영합니다. 플래터가 가장 잘 나가요. 원하시는 단백질 음식을 선택하실 수 있고, 밥, 피타, 상추와 토마토가 들어가요.
Customer 손님	It sounds good. I would like to get a small platter. 맛있겠네요. 스몰 플래터로 주세요.
Employee 점원	What kind of protein would you like? 어떤 단백질 음식을 고르시겠어요?
Customer 손님	What is falafel? 팔라펠이 뭔가요?
Employee 점원	It's made of chickpea, onion and spices. 병아리콩, 양파와 각종 양념으로 만들었어요.
Customer 손님	I want beef and chicken please. 저는 소고기와 치킨으로 할래요.
Employee 점원	Great. Would you like any sauce? We have White sauce and Red sauce. 좋아요. 소스 드릴까요? 화이트 소스와 레드 소스가 있는데요.
Customer 손님	Are they good? 맛있나요?
Employee 점원	Yes. White sauce is really popular, not spicy. But Red sauce is spicy. 네. 화이트 소스는 인기가 많고, 맵지 않아요. 그렇지만 레드 소스는 매워요.
Customer 손님	Then just white sauce, please. 그럼 화이트 소스만 주세요.

Employee 점원	**Anything else?** 또 다른 건요?
Customer 손님	**That's all. Thank you.** 그게 전부예요. 감사합니다.

Menu

퓨전 중동 음식이 낯설 수도 있지만 밥과 고기가 기본이라 의외로 한국인의 입맛에도 잘 맞는 편이에요. 뉴욕의 본점 푸드 트럭은 늘 줄이 길지만, 다른 지역의 매장에서는 비교적 빠르게 주문할 수 있어요.

Small/Regular Platter
스몰/레귤러 플래터

Chicken Sandwich
치킨 피타랩

Beef Gyro Sandwich
비프 이로 피타랩

Pita Bread
피타 빵

Falafel
팔라펠

Hummus
후무스 (병아리콩을 으깨서 만든 음식)

Baba Ghanoush
바바 가누쉬 (가지로 만든 딥)

Baklava
바클라바

Baklava Cheesecake
바클라바 치즈케이크

Part 3

Chicken & Pizza

치킨 | 칙필레 | 윙스탑 | 버팔로 와일드 윙
피자 | 리틀 시저스 피자 | 멜로우 머쉬룸

치킨 샌드위치의 최고봉

한국은 치킨 전문점이 동네마다 즐비해서 치킨에 대한 기준이 높은 편이죠. 덩달아 맘스터치처럼 맛있는 치킨버거도 쉽게 접할 수 있고요. 그 기준으로 미국 KFC 같은 곳에서 치킨을 먹는다면 짜고 기름진 맛에 실망할 수 있습니다. 미국에서 온 치킨 전문점인 KFC나 파파이스도 한국에 들어온 이상 현지화가 잘 되어 미국 본토의 맛과 많이 달라요.

그럼에도 미국 치킨버거도 맛있다는 걸 느낄 수 있는 곳이라면 단연 칙필레(Chick-fil-A)이고, 치킨 샌드위치를 대중적으로 알리는 데 큰 기여를 했어요. 실제로는 사실이 아니지만 '칙필레가 치킨 샌드위치를 발명했다'는 오해 섞인 말이 있을 정도예요.

미국에서 버거(burger)는 간 소고기 패티를 넣은 음식을 말해요. 치킨처럼 다른 재료를 쓸 경우 샌드위치(sandwich)라고 부르기 때문에, 칙필레 메뉴판에도 '치킨 버거'가 아니라 '치킨 샌드위치'라는 이름이 붙어 있어요.

칙필레는 패스트푸드 치고는 특이하게 일요일에 문을 닫아요. 창업자 트루에트 캐시(Truett Cathy)가 독실한 기독교 신자고 직원들에게도 쉬는 날을 보장해 주기 위해서였다고 해요. 직원들에게는 바쁜 주말 업무에서 벗어날 수 있는 여유를, 손님들에게는 더 나은 서비스를 제공할 수 있는 환경을 만들었다는 평가도 있습니다. 실제로 칙필레는 고객 서비스가 뛰어난 브랜드로도 유명해요.

주말에 하루 닫으면 매출상 큰 손해일 것 같지만 나머지 6일 동안 매장은 줄 서서 먹는 사람들로 항상 북적입니다. 특히 점심·저녁 시간대에는 드라이브스루 줄이 도로 밖까지 이어질 정도로 붐비기 때문에 최대한 피크 타임을 피해서 방문하세요.

4년의 집념으로 완성한 치킨 레시피

닭가슴살이라고 하면 질기고 퍽퍽할 거 같지만 칙필레의 치킨 패티는 땅콩 기름을 넣은 압력솥에서 튀겨 겉은 바삭하고 속은 촉촉해요. 이 레시피를 완성하는 데 무려 4년의 시간이 걸렸다네요. 지금도 비밀 조리법은 금고에서 철저히 관리되고 있어요. 50년이 넘도록 한결같은 치킨 패티 맛의 비결이죠.

'스파이시 치킨 샌드위치 디럭스'는 칙필레의 인기 메뉴예요. 촉촉하고 매콤한 닭가슴살 패티에 부드러운 번, 신선한 채소와 매운맛이 가미된 페퍼잭 치즈까지 더해져 자극적이면서 완성도 높은 맛을 자랑합니다.

여기에 칙필레 소스(Chick-fil-A Sauce)가 빠질 수 없는데요. 달콤하고 크리미한데 바비큐 풍미까지 살짝 돌아요. 샌드위치에 찍어 먹으면 그야말로 꿀맛이죠. 칙필레의 또 다른 인기 메뉴인 '와플 프라이'와의 궁합도 뛰어나요. 칙필레 소스(Chick-fil-A Sauce)는 인기가 많아 미국 마트에서도 구입할 수 있고, 대용량으로 사서 집에 두고 먹는 사람이 많아요.

세트 메뉴는 와플 프라이와 탄산음료가 기본인데, 취향에 따라 음료는 아이스티, 레모네이드 등으로 바꿀 수 있고, 프라이를 샐러드나 과일 등으로 변경 가능합니다. 추천하는 음료는 '프로스티드 레모네이드(Frosted Lemonade)'인데요. 부드러운 밀크셰이크 질감에 상큼함이 더해진 음료로 셰이크보다 칼로리 부담이 적은 음료로 제격이죠. 음료, 사이드 선택 폭이 넓기 때문에 웹사이트에서 메뉴를 미리 확인하고 주문하세요.

카운터 없는 매장에서 직원 도움받기

미국의 일부 칙필레 매장에서는 카운터 대신 앱이나 웹사이트를 통해서만 주문을 받기도 합니다. 온라인 주문이 익숙하지 않을 경우 당황하지 말고 근처 보이는 직원에게 물어보면 테이블에서 주문을 도와줍니다. 팁은 따로 내지 않아도 돼요. 카운터가 없어서 직원을 불러 도움을 요청하는 대화를 볼게요.

★★★★★ 19.mp3

Customer	Excuse me. I want to order food but there is no place to order at the counter.	
손님	저기요. 음식 주문을 하고 싶은데 카운터에 주문하는 곳이 없네요.	
Employee	I can help you with that. Do you have the Chick-fil-A app?	
점원	제가 도와드릴게요. 칙필레 앱 있나요?	
Customer	No. I'm not familiar with ordering with apps.	
손님	아뇨. 저는 앱으로 주문하는 게 익숙하지 않아요.	
Employee	No problem. I can take your order if you sit down at a table.	
점원	문제 없어요. 테이블에 앉으시면 제가 주문을 받을게요.	

(아무 테이블이나 골라서 앉는다)

Employee	Are you ready to order?
점원	주문하시겠어요?
Customer	Yes. I'd like to get a spicy chicken sandwich deluxe meal with waffle fries and a diet frosted lemonade.
손님	네. 스파이시 치킨 샌드위치 딜럭스 세트로 주세요. 와플 프라이와 다이어트 프로스티드 레모네이드와 함께요.
Employee	Great.
점원	좋네요.
Customer	Oh, and 2 packs of Chick-fil-A sauce please.
손님	아, 그리고 칙필레 소스도 두 팩 주세요.
Employee	Sure. Someone will bring the food out for you when it's ready.
점원	알겠습니다. 음식이 준비되면 가져다드릴게요.
Customer	Thank you.
손님	감사합니다.

칙필레는 닭가슴살 튀김에 대한 높은 기준과 철저한 레시피 관리로, '미국 치킨 샌드위치 최고봉(The gold standard of chicken sandwiches)'이라 불리며 사랑받고 있습니다. 일요일은 열지 않으니 꼭 피해서 방문하세요.

Chicken Sandwich
치킨 샌드위치

Spicy Chicken Sandwich
스파이시 치킨 샌드위치

Chick-fil-A Nuggets
튀긴 치킨 너겟

Grilled Nuggets
구운 치킨 너겟

Cobb Salad
콥 샐러드 (치킨 너겟과 채소 등의 재료를 썰어놓은 샐러드)

Spicy Southwest Salad
스파이시 사우스웨스트 샐러드 (치킨, 채소, 블랙 빈, 또띠야 칩이 들어간 샐러드)

Chicken Biscuit
치킨 비스킷 (아침 메뉴)

Hash Brown Scramble Bowl
해시 브라운 스크램블 보울 (아침 메뉴)

Waffle Potato Fries
와플 모양 감자칩

Cookies & Cream Milkshake
쿠키 앤 크림 밀크셰이크

미국 정통 치킨윙의 성지

미국 사람들의 치킨 사랑은 한국 못지 않아요. 한국에서는 닭 한 마리를 통째로 튀겨 주는 경우가 많은 반면, 미국에서는 부위별로 나눠서 판매하는 게 일반적입니다. 한국인이 선호하는 닭다리(drumstick)는 미국에선 의외로 인기가 덜하고 반면 퍽퍽한 닭가슴살이나 윙 부위가 인기가 많아요. 그 중에서도 치킨윙은 가장 인기 있는 부위로 피자집이나 패밀리 레스토랑에서도 빠지지 않는 메뉴입니다.

윙스탑은 '맛있는 윙은 어디서 먹어야 해?'에 자주 추천되는 프랜차이즈입니다. 한국에도 들어왔지만 강남권에만 몇 개 있고 비싼 편이에요. 반면 미국에서는 다른 식당과 비교하면 윙스탑이 가성비 좋게 느껴지죠. 카운터에서 주문해서 팁을 내지 않아도 되는 것도 장점이에요.

매콤달콤한 망고 하바네로 맛 치킨의 매력

윙스탑의 대표 메뉴는 클래식 윙(classic wing)인데요. 뼈 없는 '본리스(boneless)' 옵션은 순살 치킨을 좋아한다면 추천드려요. 참고로 미국에서 본리스 윙은 날개가 아니라 닭가슴살로 만들어요.

윙스탑의 소스 종류는 정말 다양해요. 짭짤한 갈릭 파마산(garlic parmesan)부터, 매콤달콤한 망고 하바네로(mango habanero)까지 취향에 따라 골라 먹는 재미가 있어요.

망고 하바네로는 달달한 망고와 뒷맛에서 강하게 올라오는 하바네로의 매운맛이 강렬하게 섞인 소스로 양념치킨에 익숙한 한국인 입맛에 잘 맞아요. 신라면보다 매운 편이라 먹고 나면 입술이 얼얼해질 수 있어요. 이럴 때는 랜치나 블루치즈 같은 딥에 찍어 먹으면 좀 덜하죠. 갈릭 파마산 소스는

은은한 마늘의 풍미가 뛰어나고, 파마산 치즈가 들어 있어 짭짤한 맛이 인상적이에요. 어떤 맛을 고를지 고민될 때 가장 무난한 선택입니다.

그 외에 '스파이시 코리안 큐'라는 소스도 있어요. 이름은 한국 느낌이지만 실제 맛은 국적 불명의 퓨전 소스에 가까워요. 이름에 혹해서 익숙한 맛을 기대하면 실망할 수도 있지만, 맛에 대한 호기심이 많다면 한 번쯤 도전해 보세요.

윙스탑은 대부분 자정까지 운영해서 야식으로 치킨이 생각날 때도 갈 수 있어요. 일부 지점은 밤 1시까지 문을 열기도 하는데 구글 검색으로 확인할 수 있습니다. 미국은 지역에 따라 치안이 좋지 않은 곳도 있으니 늦은 시간

방문 전에는 매장 위치가 안전한 곳인지 꼭 확인하고 가세요.

치킨윙과 함께 소스와 딥 고르기

윙스탑에서는 원하는 개수만큼 소스를 다르게 조합해서 주문할 수 있어요. 6조각 윙을 4조각은 망고 하바네로, 2조각은 갈릭 파마산으로 나눠 주문하는 대화를 볼게요. 사이드로 고른 케이준 프라이드 콘(Cajun fried corn)은 옥수수를 튀긴 후 짭짤하고 매콤한 시즈닝에 버무린 메뉴예요.

★ ★ ★ ★ ★

Customer 손님	I'd like to order a 6 pieces classic combo. 6조각 클래식 콤보를 주문하고 싶어요.
Employee 점원	Absolutely. What kind of flavors would you like? 그럼요. 어떤 맛으로 하시겠어요?
Customer 손님	4 mango habanero and 2 garlic parmesans, please. 망고 하바네로 4조각, 갈릭 파마산 2조각으로 주세요.
Employee 점원	Would you like any dips with your wings? 윙에 찍어먹을 딥도 필요하세요?
Customer 손님	What kind of dips do you have? 어떤 종류의 딥이 있나요?
Employee 점원	We have ranch, bleu cheese, honey mustard and cheese sauce. 랜치, 블루 치즈, 허니 머스터드, 그리고 치즈 소스가 있어요.
Customer 손님	I'll take ranch. 랜치로 할게요.
Employee 점원	Perfect. And for your side? 좋아요. 사이드 메뉴는요?
Customer 손님	Cajun fried corn and soda please. 케이준 프라이드 콘이랑 소다로 주세요.
Employee 점원	Great. It will be ready in about 10 minutes. 좋아요. 나오는 데 10분 정도 걸릴 거예요.

Menu

윙스탑은 다양한 소스 선택이 가능하고, 미국 전역에 2,000개 넘는 매장이 있어서 접근성도 좋아요. 여행 중 늦은 저녁, 치킨이 생각날 때 좋은 선택이 될 거예요.

Lemon Pepper Wings
레몬 페퍼 윙

Garlic Parmesan Wings
갈릭 파마산 윙

Original Hot Wings
오리지널 핫 윙

Mango Habanero Wings
망고 하바네로 윙

Louisiana Rub Wings
루이지애나 럽 윙 (케이준 양념이 뿌려진 치킨)

Crispy Chicken Tenders
치킨 텐더

Chicken Sandwich
치킨 샌드위치

Seasoned Fries
양념 감자튀김

Cajun Fried Corn
케이준 프라이드 콘

Cheese Fries
치즈 프라이 (할라피뇨 치즈 소스가 뿌려진 감자튀김)

미국의 치맥 핫플레이스

BUFFALO WILD WINGS

버팔로 와일드 윙스(Buffalo Wild Wings)는 이름 그대로 버팔로 윙을 전문으로 하는 미국의 인기 치킨 외식 브랜드입니다. 버팔로 윙이라는 메뉴명의 '버팔로'는 동물이 아니라 뉴욕주의 버팔로(Buffalo)시에서 메뉴가 시작됐기 때문인데요. 1960년대 버팔로 시의 '앵커 바(Anchor Bar)'라는 곳에서 팔고 남은 치킨윙을 핫소스, 버터, 식초 등을 섞은 매콤새콤한 소스에 버무려 주인의 아들과 그의 친구들이 먹을 수 있도록 야식으로 내놓곤 했어요. 그런데 이게 인기가 많아서 정식 메뉴로 팔게 되었고, 유명해졌어요. 지금은 미국 어디서나 즐길 수 있는 대표 메뉴가 되었죠. 각 레스토랑과 가정마다 버팔로 소스의 레시피가 조금씩 달라 비교하며 먹는 재미도 있어요.

버팔로 와일드 윙스의 공동 창업자 짐 디스브라우(Jim Disbrow)와 스콧 로

워리(Scott Lowery)는 고향 버팔로를 떠나 오하이오주에 머물던 중, 익숙한 버팔로 윙의 맛이 그리워 직접 가게를 열었는데요. 큰 인기를 얻으며 미국 전역에 1,300개 이상의 매장이 있을 정도로 성장했죠.(2025년 기준)

맛만 비교하면 윙스탑을 더 선호하는 사람이 많아요. 반면 버팔로 와일드 윙스는 바 같은 분위기에서 스포츠 경기를 보며 치킨과 맥주를 즐길 수 있어서 큰 인기죠. TV 스크린이 곳곳에 설치되어 있어 다양한 경기를 볼 수 있어요. 생맥주부터 칵테일, 양주까지 다양한 주류가 준비되어 있고 미국식 치맥 문화를 제대로 느낄 수 있는 장소예요.

불닭볶음면보다 80배 매운 치킨윙 먹기 챌린지

버팔로 와일드 윙스는 소스를 듬뿍 뿌린 치킨윙을 중심으로, 감자튀김이

나 버거 등 맥주와 함께 즐기기 좋은 메뉴들이 주력이에요. 소스는 무려 20가지 이상의 옵션 중에서 고를 수 있고, 맵기 단계도 다양해서 선택의 폭이 넓어요.

이곳에는 'Tha Blazin Challenge'를 체험할 수 있는데요. 5분 내에 Blazin' Knockout 윙 10조각을 물이나 음료 없이 다 먹으면 성공입니다. 만 18세 이상만 참여할 수 있죠. 이 윙의 소스는 무려 9가지 고추를 조합해 만들어서 맵기가 무려 35만 스코빌에 달합니다. 불닭 오리지널의 매운 맛이 약 4,404 스코빌인데, 8배인 35만이면 엄청나게 맵겠죠? 유튜브에서 챌린지에 도전하는 영상을 보면 도전자들이 눈물 콧물을 쏟으며 힘들어하고 중도 포기를 하기도 하죠.

매콤 달콤한 좋아한다면 망고 하바네로(Mango Habanero)를 추천해요. 윙 스탑의 망고 하바네로 소스보다 덜 맵고 달달하니 맛있어요. 갈릭 파마산 (Garlic Parmesan)이나 허니 바베큐(Honey BBQ)처럼 인기 많은 소스는 슈퍼마켓에서 따로 판매하기도 합니다.

윙을 주문하면 보통 날개(flat)와 윙봉(drum)을 섞어서 주는데, 추가 요금을 내면 한 부위로 통일할 수 있습니다. '올 플랫(all flats)'은 날개만, '올 드럼(all drums)'은 윙봉만 달라는 용어니 알아두었다가 취향에 따라 골라보세요.

치킨윙에 샐러리 추가하고 윙봉으로 선택해 보기

버팔로 와일드 윙스의 랜치 소스(ranch sauce)는 샐러리나 당근 스틱에 찍어 먹어도 훌륭해요. 치킨윙을 주문할 때 "Could I get celery and carrots? (샐러리와 당근 주시겠어요?)"라고 말하면 추가 요금 없이 제공되죠. 샐러리만, 당근만 따로 요청해도 괜찮고요. 말하지 않으면 안 주는 경우도 있으니 꼭 미리 얘기하세요.

Employee 점원	Welcome to Buffalo Wild Wings. Are you dining in or taking out today? 버팔로 와일드 윙스에 오신 걸 환영합니다. 안에서 식사하실 건가요 포장해 가실 건가요?
Customer 손님	I'm dining in. 안에서 먹을게요.

(점원이 안내하는 테이블에 앉아서 주문을 한다)

Server: 서버	What would you like today? 오늘은 무얼 드시겠어요?
Customer 손님	I'd like a 10 pieces traditional wings, all drums. 윙 10조각 주세요, 전부 윙봉으로요.
Server 서버	Sure. What is the choice of your sauce? 알겠습니다. 소스는 어떤 걸로 고르시겠어요?
Customer 손님	Mango habanero, please. And I want celery with ranch as well. 망고 하바네로요. 그리고 샐러리에 랜치 소스도 주세요.
Server 서버	Okay. Would you like to add any side and a drink? 네. 사이드 메뉴랑 음료도 추가하시겠어요?
Customer 손님	No. Just water with lemon, please. 아뇨. 그냥 레몬 조각 넣은 물 주세요.
Server 서버	Alright. I'll be back with your water. 알겠습니다. 물 가지고 올게요.
Customer 손님	Thank you. 감사합니다.

Menu

버팔로 와일드 윙스에서는 활기찬 분위기 속에서 진짜 미국식 치맥 문화를 만끽할 수 있어요. 수십 가지 소스로 맛을 선택하는 재미도 쏠쏠하고요. 대형 스크린으로 스포츠 경기를 보며 바삭한 치킨윙과 시원한 생맥주를 즐기는 순간을 경험해 보세요.

Medium Sauce Wings
미디엄 소스 윙

Honey BBQ Wings
허니 바비큐 윙

Asian Zing Wings
아시안 징 윙 (간장과 생강이 들어간 소스에 버무린 치킨)

Parmesan Garlic Wings
파마산 갈릭 윙

Mango Habanero Wings
망고 하바네로 윙

Classic Chicken Sandwich
치킨 샌드위치

Buffalo Ranch Chicken Wrap
버팔로 랜치 치킨 랩

Mozzarella Sticks
모짜렐라 스틱

Fried Pickles
피클튀김

French Fries
감자튀김

저렴해도 맛있고 뜨끈한 피자

미국에서는 외식 비용이 만만치 않아요. 음식값도 비싼데 약 20%의 팁까지 더해야 하니까요. 그 와중에 리틀 시저스는 부담 없는 가격에 맛있는 피자를 즐길 수 있는 최고의 가성비 피자 브랜드입니다. 매장에서는 먹을 수 없고 오직 포장 주문 시스템으로 운영되고 있죠. 매장 운영비를 최소화한 덕분에 다른 브랜드와 비교할 수 없을 정도로 저렴한 가격을 유지할 수 있어요.

대표 메뉴는 핫 앤 레디(Hot-N-Ready) 피자인데 가격이 특히 저렴해 인기죠. 언제 가도 바로 픽업 가능하도록 매장에 미리 준비되어 있어요. 회전율이 높아서 차게 식어있을 일이 없어요. 앱이나 웹사이트에서 사전 주문한 후, '피자 포털(Pizza Portal)'이라는 기계를 통해 무인 수령도 가능합니다. 주문

시 받은 코드를 입력하면 문이 열리고 피자가 나오는 구조로 효율적으로 픽업할 수 있어요.

속은 폭신 겉은 바삭한 도우의 매력

리틀 시저스 메뉴는 기본 레귤러 크러스트 피자부터, 사각형 모양의 '디트로이트 스타일 딥디쉬(Detroit-style deep-dish)'까지 다양해요. 디트로이트 스타일 딥디쉬 피자는 도우가 두툼하면서 포카치아(Focaccia)처럼 폭신한 식감이 특징이에요. 치즈가 흘러내려 바삭하게 구워진 가장자리 부분이 정말 맛있죠. 도우가 두꺼워서 부담스러울 수 있지만, 푹신한 도우와 바삭한 가장자리의 조합은 충분히 매력적인 선택이 될 거예요. 피자의 가장자리는 크러스트(crust)라고 불러요.

혹시 피자에 파인애플을 올리는 걸 좋아하나요? 미국에서도 호불호가 극명하게 갈리는 취향인데요. 영어에는 "You either love it or hate it"이라는 표현이 있는데, '중간은 없다'는 뜻이죠. 하지만 피자집 메뉴엔 항상 파인애플 토핑이 빠지지 않는 걸 보면, 좋아하는 사람들이 꽤 있다는 증거겠죠?

리틀 시저스는 반반 토핑도 가능해서 한 판에 두 가지 맛을 즐길 수 있어요. 하와이안 피자를 좋아한다면, 반은 베이컨&할라피뇨, 나머지 절반은 파인애플&햄 조합으로 먹는 걸 추천해요. 매콤함과 달콤함의 정반대 매력을 번갈아 즐기다 보면, 각각의 맛이 더 살아나죠.

리틀 시저스는 밤 11시까지 운영하는 지점이 많아요. 여행 중 밤늦게 허기지다면 간단히 테이크아웃해 먹거나, 로드트립 도중 들르기에도 딱 좋은 곳입니다. 강조하지만 미국의 밤늦은 시간의 지역 분위기는 천차만별이니 방문 전 매장 위치의 치안 상태를 꼭 확인하세요.

특징을 물어보고 피자 주문하기

재료와 맛의 추측이 어려운 메뉴가 있다면 망설이지 말고 직원에게 물어보세요. 대부분 친절히 답해줘요. '디트로이트 스타일 딥디쉬 피자'에 대해 물어보고, 도우는 레귤러 크러스트로, 반은 할라피뇨와 베이컨, 다른 반쪽은 파인애플과 햄으로 토핑한 피자를 주문하는 대화를 볼게요.

★★★★★ 22.mp3

Customer / 손님
Hi. I'd like to order a pizza, but I've got a question first.
안녕하세요. 피자를 주문하고 싶은데요. 먼저 질문이 있어요.

Employee / 점원
What would you like to know?
어떤 걸 알고 싶으신가요?

Customer / 손님
I saw Detroit-style deep-dish pizza on the menu. What is it?
메뉴판에서 디트로이트 스타일 딥디쉬 피자를 봤는데요. 뭔가요?

Employee / 점원
Detroit-style deep-dish pizza is a rectangular pizza with a thick, crispy, and chewy crust. It's baked in a deep pan, so the edges get caramelized with cheese, making it extra crispy.
디트로이트 스타일 딥디쉬 피자는 직사각형에 가장자리는 두껍고 쫄깃하면서 바삭합니다. 깊은 팬에 넣어서 굽기 때문에 치즈가 녹은 가장자리가 엄청 바삭해지기 때문이죠.

Customer / 손님
Oh, that sounds delicious. Can you do half-and-half toppings on the Detroit-style?
오, 맛있겠네요. 디트로이트 스타일을 반반 토핑으로 만들어 주실 수 있나요?

Employee / 점원
Yes, we can.
네.

Customer / 손님
Hmm… I think I'll stick with a regular crust pizza.
음… 그래도 그냥 일반 크러스트 피자로 할게요.

Employee / 점원
Would you like to do half and half?
반반으로 하시겠어요?

Customer / 손님
Yep. I'd like one half with jalapeños and bacon, and the other half with pineapple and ham.
네. 반은 할라피뇨와 베이컨, 다른 쪽은 파인애플과 햄으로 해 주세요.

Employee / 점원
Great. It will be ready in about 10 minutes.
좋아요. 10분 정도 걸릴 거예요.

Menu

리틀 시저스는 저렴한 가격과 간편한 포장 시스템 덕분에 꾸준히 사랑받는 브랜드입니다. 여행 중 가성비 좋은 식사를 찾는다면 한 번쯤 찾아 보세요.

Hot-N-Ready Classic Pepperoni Pizza
핫 앤 레디 페퍼로니 피자

Hot-N-Ready Cheese Pizza
핫 앤 레디 치즈 피자

Extramostbestest Pepperoni Pizza
엑스트라모스트베스티스트 페퍼로니 피자 (일반 피자보다 페퍼로니와 치즈가 더 많이 들어간 피자)

3 Meat Treat Pizza
미트 피자

Hula Hawaiian Pizza
하와이언 피자

Crazy Bread
브레드 스틱

Pepperoni Cheese Bread
페퍼로니 치즈 브레드

Italian Cheese Bread
이탈리안 치즈 브레드

Detroit-Style Deep Dish Pepperoni
디트로이트 스타일 딥디쉬 페퍼로니 피자

Caesar Wings Buffalo
버팔로 치킨윙

비싸도 찾게 되는 마성의 피자

미국 사람들의 피자 사랑은 본고장인 이탈리아 못지 않죠. 멜로우 머쉬룸은 미국의 다양한 피자 프랜차이즈 중에서 독보적인 맛을 자랑하는 곳입니다. 프랜차이즈/체인 피자 중 최고라고 말해도 과언이 아니죠. 이름에서의 mellow는 '부드러운, 온화한, 느긋한' 등의 의미입니다.

미국에서는 피자에 치킨윙과 탄산음료를 곁들이는 문화가 있어요. 피자 브랜드 매장의 대부분이 주류 라이선스가 없어서 술을 팔지 않지만, 멜로우 머쉬룸은 맥주를 판매해 '피맥'을 즐길 수 있다는 게 큰 장점이에요. 슈퍼에서 쉽게 볼 수 있는 브랜드 맥주부터 지역 양조장의 수제 맥주까지 다양하게 판매합니다. 생맥주는 맛보기 샘플 요청도 가능해요. 제한은 없지만 2~3개 정도는 충분히 요청할 수 있어요.

또 하나의 재미는 지점마다 개성이 다른 인테리어예요. 각 매장은 지역 예술가들과 협업해 로컬 아트, 문화, 개성을 반영한 인테리어를 선보이죠. "No two stores look alike." 공식 홈페이지에서도 "같은 매장은 하나도 없다"고 소개할 정도로, 디자인 자유도가 높은 프랜차이즈입니다. 가장 눈에 띄는 디자인으로 꼽히는 매장 중 하나인 미국 플로리다주 레이클랜드(Lakeland) 지점은 SF 컨셉이라 입구에 트랜스포머 범블비가 서 있고, 문을 열고 들어가면 스타트렉 인테리어가 펼쳐져요. 오하이오주의 리마점은 비틀즈의 노란 잠수함을 테마로 하고 있어서 언론 기사로도 소개가 되었을 정도예요.

테두리까지 먹게 되는 피자의 매력

멜로우 머쉬룸은 피자 가격이 다른 브랜드보다 꽤 높아요. 리틀 시저스에

서 라지 피자 두 판을 살 수 있는 금액으로 스몰 사이즈 한 판을 겨우 살 수 있어요. 하지만 재료의 풍미와 쫄깃한 도우, 바삭한 크러스트(crust, 테두리)의 조화가 완벽해서 돈이 아깝지 않아요. 평소에 크러스트를 남기는 사람도 멜로우 머쉬룸에서는 다 먹게 될 정도예요.

글루텐 프리 도우나 비건 옵션도 제공돼서 식단 제한이 있는 사람도 즐길 수 있어요. 가격이 비싸서인지 스몰 사이즈는 성인 여성 기준 약 1.5인분, 미디엄은 일반 브랜드의 라지와 비슷할 정도로 양이 넉넉하니, 인원수보다 조금 작게 시키고 사이드를 시켜도 좋아요.

멜로우 머쉬룸 역시 반반 주문도 가능한데, 어떤 지점은 스몰도 가능하고 어떤 곳은 미디엄부터만 가능한 경우도 있으니 꼭 물어보세요. 인기 메뉴인

'홀리 쉬타키(Holy Shiitake)'는 갈릭 소스에 표고버섯(shiitake)을 포함한 다양한 버섯이 듬뿍 올라가 있어요. 이름에 들어간 'shiitake'이라는 단어가 비속어인 'sh*t'와 철자와 발음이 비슷해 미국인들 사이에선 말장난처럼 쓰이기도 하는데요. "Holy sh*t!" 대신 "Holy shiitake mushroom!"처럼요. 한국식으로 말하자면 "이런 된장!"에 가까운 뉘앙스예요.

반반 토핑의 피자와 맥주 샘플 주문하기

홀리 쉬타키 머쉬룸 피자와 햄·파인애플·할라피뇨가 들어간 퍼시픽 림(Pacific Rim) 피자를 반반 조합으로 주문하는 대화를 볼게요. 맥주 샘플 2개도 요청해 볼게요. 샘플은 생맥주 메뉴에 있는 것만 가능하고, 시음 후 1개를 골라보겠습니다.

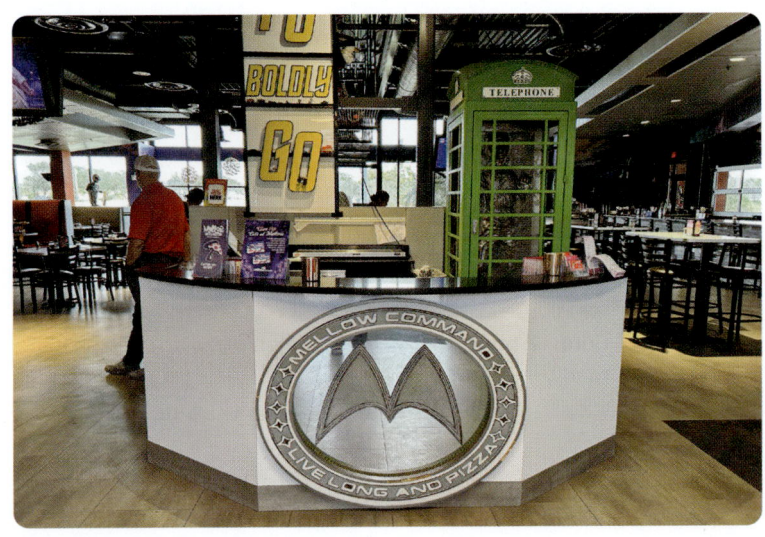

★★★★★ 23.mp3

Customer	Is it possible to order a small half-and-half pizza?
손님	스몰 사이즈 반반 피자 주문할 수 있나요?
Server	Absolutely.
서버	그럼요.
Customer	I'd like Holy Shiitake Mushroom and Pacific Rim.
손님	홀리 쉬타키 머쉬룸이랑 퍼시픽 림으로 주세요.
Server	Great choice. Anything to drink?
서버	좋은 선택이에요. 마실 건요?
Customer	Yes. I'd like to order a beer, but can I sample a couple before deciding?
손님	네. 맥주를 주문하고 싶은데요, 결정하기 전에 샘플 두 가지 맛볼 수 있을까요?
Server	No problem. Which ones would you like to try?
서버	문제 없어요. 어떤 걸로 맛보시겠어요?
Customer	Michelob Ultra and Blue Moon, please.
손님	미켈롭 울트라랑 블루문이요.
	(시음 후)
Server	How are they?
서버	맛이 어떤가요?
Customer	I like Blue Moon better. I'll go with that.
손님	블루문이 더 마음에 드네요. 그걸로 할게요.
Server	Sure. I'll bring your beer first, then pizza as soon as it's ready.
서버	알겠습니다. 맥주 먼저 가져다 드리고, 피자는 준비되는 대로 드릴게요.

Menu

멜로우 머쉬룸에서는 비싼만큼 토핑이 풍성하고 고급스러운 피자를 경험할 수 있어요. 피자 마니아라면 꼭 한 번 가볼 가치가 있어요.

Great White Pizza
그레이트 화이트 피자 (올리브 오일, 마늘 베이스에 다양한 치즈와 채소가 올라간 피자)

Mighty Meaty Pizza
마이티 미트 피자

Kosmic Karma Pizza
코스믹 카르마 피자 (피자, 채소, 페스토 소스가 들어간 피자)

Funky Q Chicken Pizza
바비큐 치킨 피자

Holy Shiitake Pizza
홀리 쉬타키 피자 (버섯 피자)

Pretzel Bites
프레첼 바이트

Spinach Artichoke Dip
시금치 아티초크 딥

Meatball Hoagie
미트볼 호기빵 샌드위치

Avocado Smash Hoagie
아보카도 호기빵 샌드위치

Enlightened Spinach Salad
시금치 샐러드

Part 4

Breakfast, Brunch
& Fine Dining

아침 & 브런치 | 아이합 | 데니스 | 퍼스트 와치
패밀리 레스토랑 | 치즈케이크 팩토리 | 올리브 가든 | 크래커 배럴
스테이크 | 롱혼 스테이크 하우스 | 텍사스 로드하우스

Breakfast에 진심인 미국의 최애 팬케이크

미국인들은 달걀, 베이컨, 팬케이크 등으로 구성된 '미국식 아침 식사'를 즐겨 먹고, 이를 전문으로 파는 식당도 쉽게 찾아볼 수 있어요. 그런 배경 속에서 아이합(IHOP) 같은 아침 식사(breakfast) 전문점이 큰 인기를 끌게 되었습니다.

아이합(IHOP)은 'International House of Pancakes'의 줄임말이에요. 1958년 캘리포니아에 첫 매장을 열었을 당시에는 긴 이름을 그대로 썼지만, 점점 브랜드가 성장하면서 발음이 쉽고 기억하기 좋은 약칭 **IHOP**으로 자리잡았죠. 24시간 운영되는 매장이 많아 이른 아침부터 늦은 밤까지 언제든지 팬케이크, 베이컨, 달걀 등 다양한 아침 메뉴를 즐길 수 있는 것도 **IHOP**의 장점입니다.

이름에서 알 수 있듯, IHOP은 팬케이크에 진심인 레스토랑입니다. 대표 메뉴인 오리지널 버터밀크 팬케이크부터, 화이트 초콜릿 라즈베리 팬케이크, 뉴욕 치즈케이크 팬케이크, 스트로베리 바나나 팬케이크, 레몬 리코타 블루베리 팬케이크 등 다채로운 옵션까지 갖추고 있어요. 글루텐에 민감한 사람들을 위해 밀가루 대신 쌀가루로 만든 **gluten-friendly** 팬케이크도 있어요. 하지만 밀가루를 많이 사용하는 조리 공간에서 만들기 때문에 소량의 글루텐이 들어갈 수 있어 셀리악병을 가지고 있다면 피하는 것이 좋습니다. 우리나라에서는 볼 수 없었던 다채로운 IHOP의 팬케이크를 보려면 아래 QR코드를 통해 인스타그램을 방문해서 대리 체험을 한 번 해 보아도 좋아요.

팬케이크 자체는 담백한 맛(영어로 'bland'라고 표현)이 특징이라, 보통 시럽이나 과일 토핑을 더해서 먹습니다. 시럽이나 토핑의 종류가 엄청 다양해 결

국 맛은 여기서 판가름 나죠. 팬케이크만으로도 탄수화물 함량이 높은데, 시럽과 토핑까지 더하면 칼로리가 꽤 높아요.
미국에서 대표적인 인기 아침 메뉴라 주말이나 붐비는 시간대에는 대기줄이 길 수도 있다는 점을 염두에 두세요.

달콤한 팬케이크 VS. 매콤한 에그 베네딕트

IHOP에 들어서면 고소한 팬케이크와 베이컨 냄새가 솔솔 풍겨 식욕을 자극합니다. 팬케이크 외에도 버거, 스테이크, 샐러드 등의 식사 메뉴도 함께 판매하고 있습니다.

매장에는 체구가 큰 손님들이 많이 보여요. 이는 탄수화물과 지방이 풍부한 식사를 즐기는 미국의 식문화와도 관련 있죠. 미국 여행 중에도 IHOP 같은 레스토랑을 방문한다면 본인에게 부담없는 수준으로 조절해서 드세요.

에그 베네딕트를 좋아한다면 포블라노 에그 베네딕트를 추천해요. 부드러운 소고기와 멕시코 산 포블라노 고추가 어우러져, 기름지면서 고소하고 매콤한 맛이 특징입니다. 담백한 음식을 선호한다면 다소 느끼하게 느껴질 수 있지만, 야들야들한 식감과 진한 풍미가 인상적입니다.

사이드 메뉴로는 해시 브라운, 크리스피 브렉퍼스트 포테이토, 과일 등이 제공되며, 특히 크리스피 포테이토는 바삭하면서도 짭짤한 맛이 일품입니다. 집에서도 이 맛을 살려 만들어 보려는 사람들 덕에 인터넷에 '카피캣 레시피(copycat + recipe, 유명 음식점이나 브랜드 메뉴를 집에서 똑같이 따라할 수 있도록 한 요리법)'도 돌아다닐 정도예요.

미국 식당에서 '해시 브라운'이라고 하면 채 썬 감자를 팬에 구워서 전 같은 모양으로 나오는 경우가 많아요. 우리나라 사람들에게 익숙한 맥도날드의 해시 브라운과 다르죠. 만약 맥도날드 스타일을 원한다면 패스트푸드 점에 가서 'hash brown patty'를 주문하면 됩니다.

계산서가 잘못 됐을 때 바로잡기

한국인들은 팁 문화가 낯설 수 있지만, 미국에서는 일종의 예의란 걸 꼭 알아야 합니다. 보통 20% 안팎을 남깁니다.

아이합처럼 특히 바쁜 매장에서는 계산 실수가 종종 발생할 수 있으니 영수증을 꼭 확인해 보세요. 만약 금액이 틀리다면 바로 직원에게 정정해달라고 하세요. 잘못 계산된 금액을 정중히 따지는 대화를 볼게요.

★★★★★ 24.mp3

Customer	Excuse me. There is a mistake on the receipt. I was charged for what I didn't order.
손님	저기요. 계산서에 실수가 있어요. 주문하지 않은 음식이 포함되어 있어요.
Server	Oh, I'm sorry. What is it?
서버	앗, 죄송합니다. 어떤 건가요?
Customer	I didn't order coffee.
손님	커피는 안 시켰어요.
Server	I see. I'll fix it for you. Just a moment.
서버	그렇군요. 바로잡아 드릴게요. 잠시만요.
Customer	Okay.
손님	네.
Server	Here's the updated receipt. You got spicy poblano eggs Benedict, right?
서버	새로 고친 계산서예요. 스파이시 포블라노 에그 베네딕트 시키신 거 맞나요?
Customer	Correct.
손님	맞아요.
Server	Sorry for the inconvenience. Is there anything else I can assist you with?
서버	불편을 끼쳐드려 죄송합니다. 또 도와드릴 것이 있나요?
Customer	I'm good. Thank you for fixing it.
손님	괜찮아요. 해결해 주셔서 감사합니다.
Server	You're welcome. Have a nice day.
서버	천만에요. 좋은 하루 되세요.

Menu

아이합은 24시간 영업하는 지점이 많아 언제든지 든든한 미국식 아침 식사를 즐길 수 있는 곳이에요. 팬케이크와 다양한 사이드 메뉴를 직접 경험해 보세요.

Original Buttermilk Pancakes
오리지널 버터밀크 팬케이크

Chicken & Pancakes
치킨 & 팬케이크

Pancake Combo
팬케이크 콤보 (팬케이크, 달걀, 베이컨, 소시지가 나오는 아침 식사)

Chocolate Chocolate Chip Pancakes
초콜릿 칩 팬케이크

Stuffed French Toast
스터프트 프렌치 토스트 (크림 치즈 필링이 들어간 프렌치 토스트)

The Classic Breakfast
클래식 브렉퍼스트 (달걀, 해시 브라운, 베이컨, 팬케이크가 나오는 아침 식사)

Garden Omelette
가든 오믈렛 (채소, 치즈 오믈렛)

Hearty Ham & Cheese Omelette
햄 치즈 오믈렛

The Classic Steakburger
클래식 스테이크 버거

Country Fried Steak & Eggs
컨트리 프라이드 스테이크 & 에그

데니스는 아이합처럼 24시간 영업하는 아침 식사 전문 패밀리 레스토랑입니다. 시간대에 상관없이 언제든지 아침 메뉴를 주문할 수 있다는 점이 큰 장점이에요. 팬케이크 종류는 아이합처럼 다양하진 않지만, Grand Slam(그랜드 슬램), Lumberjack Slam(럼버잭 슬램) 등 'Slam(슬램)' 시리즈가 대표 메뉴로 자리 잡고 있습니다. 슬램 시리즈는 우리가 일반적으로 알고 있는 한 접시에 나오는 브런치 플래터 느낌이에요.

슬램 메뉴는 달걀, 고기(베이컨·햄·소시지 중 선택), 탄수화물(토스트·팬케이크·해시 브라운) 등으로 구성되어 있는데요. 입맛에 맞게 조합을 선택할 수 있어서, 푸짐한 아침 식사를 좋아하는 분들에게 특히 만족도가 높습니다.
데니스의 팬케이크는 아이합보다 살짝 밀도가 있어서 푹신한 식감보다는 촘촘한 질감입니다. 또 하나의 특징은 달걀 요리 방식 선택의 폭이 넓다는 점인데요. 아래 6가지 중 조리 방식을 선택할 수 있어요. 미국 식당에서는 달걀 요리 스타일을 물어보는 경우가 많으니 알아두세요.

- **Scrambled**   달걀을 풀어서 익힌 스크램블 에그
- **Egg whites**   흰자만 사용해 조리한 달걀 (데니스·아이합 등 일부 매장 가능)
- **Sunny side up**   한쪽 면만 익히고 노른자는 덜 익은 채로 동그랗게 살아 있는 형태
- **Over easy**   양쪽을 익히되 노른자는 흘러내리는 반숙 상태
- **Over medium**   노른자가 살짝 더 익은 반숙
- **Over hard**   노른자까지 완전히 익힌 상태

엄청난 칼로리의 메뉴

아이합이 아침이 다양하다면 데니스는 런치·디너 메뉴가 다양하고, 칵테일 등 주류도 판매합니다. 그래서 아침, 점심, 저녁, 야식까지 하루종일 식사를 해결할 수 있는 곳이에요. 일부 메뉴는 정해진 시간에만 주문이 가능하기도 해요.

미국 프랜차이즈 식당에서는 메뉴판 음식 옆에 칼로리를 표기하는 경우가 많아요. 데니스 메뉴판에서도 쉽게 확인할 수 있죠. 데니스 메뉴판에서도 쉽게 확인할 수 있죠. 800kcal 정도는 양호한 수준이고, 1,000kcal를 넘는 메뉴도 많아요. 특히 밀크셰이크는 바닐라맛이 약 800kcal, 오레오 셰이크는 무려 1,050kcal에 달하는 고칼로리입니다.

추천 메뉴인 Santa Fe Sizzling Skillet은 뜨거운 철판에 담겨 나와 비주얼부터 식욕을 자극하는데요. 역시 칼로리는 약 1,000kcal로 높은 편입니다. 들어 있는 멕시코 소시지 초리조(Chorizo)는 짭짤하고 매콤해서 한국인 입맛에도 잘 맞는 편이에요. 다만 데니스 음식 자체가 간이 센 편이라 조금 짜게 느껴질 수 있습니다.

또 하나 기억해두면 좋은 꿀팁이 있어요. 많은 지점에서는 화요일 저녁에 어린이 무료 식사 이벤트를 진행하는데, 자세한 사항은 매장마다 다를 수 있으니 방문 전 확인해 보세요. 일반적인 성인 메뉴 하나당 10세 이하 어린이 2명까지 무료로 키즈 메뉴가 제공되기 때문에, 가족 단위 여행객에게는 외식비를 절약할 좋은 기회입니다.

메뉴판을 보면 'chicken-fried chicken'처럼 적는 사람이 실수한 건가 싶은 표현이 있는데요. 이건 '튀김옷을 입혀서 튀긴 닭고기'를 의미합니다. 여기서 'chicken-fried'는 조리법을 설명하는 용어예요. 비슷한 메뉴로 'chicken-fried steak'도 있는데, 컨트리 프라이드 스테이크라고 알려져 있는 요리로 소고기에 치킨처럼 튀김옷을 입혀 튀긴 요리죠. 미국 남부식 가정식으로 인기가 많은 스타일이에요.

온라인으로 메뉴 확인하고 여유있게 주문해 보기

데니스는 메뉴가 방대해 처음 가면 선택이 어렵게 느껴질 수 있습니다. 그래서 미리 온라인에서 메뉴를 확인하고 옵션을 결정해 두면 현장에서 좀 더 수월하게 주문할 수 있어요. 그랜드 슬램을 주문하는 대화를 볼게요.

★★★★★   25.mp3

Server	Good morning! What would you like today?
서버	좋은 아침이에요. 오늘 무얼 드시겠어요?
Customer	Good morning! I'll go with the Grand Slam Breakfast. But instead of buttermilk pancakes, I'd like double berry banana pancakes.
손님	안녕하세요. 그랜드 슬램 아침 식사를 주문할게요. 그런데 버터밀크 팬케이크 말고 더블 베리 바나나 팬케이크로 주세요.
Server	There is an upcharge of $2.99. Is it okay?
서버	2.99달러 추가 요금이 있어요. 괜찮으세요?
Customer	Sure. For the meat, 2 bacon slices and 2 sausage links.
손님	네. 고기 종류는 베이컨 두 줄과 소시지 두 줄로 주세요.
Server	Great! How would you like your eggs cooked?
서버	좋아요. 달걀은 어떻게 드시겠어요?
Customer	Over medium, please.
손님	오버 미디엄(반숙)으로 주세요.
Server	Anything to drink? Like coffee or juice.
서버	마실 것은요? 커피나 주스 같은 거요.
Customer	What kinds of juice do you have?
손님	어떤 종류의 주스가 있나요?
Server	We have orange juice and apple juice.
서버	오렌지 주스와 사과 주스가 있어요.
Customer	I'll have orange juice, please.
손님	오렌지 주스로 할게요.
Server	Great. I'll bring it to you as soon as it's ready.
서버	네. 준비되는 대로 가져다 드릴게요.

Menu

데니스는 밤 늦게 출출할 때 간단한 야식 장소로도 안성맞춤이니 24시간 문을 여는 식당으로 기억해 두세요.

Grand Slam
그랜드 슬램 (팬케이크, 달걀, 베이컨, 소시지)

Moons Over My Hammy
문즈 오버 마이 해미 (햄 치즈 달걀 샌드위치)

All-American Slam
올 아메리칸 슬램 (달걀, 소시지, 베이컨, 해시 브라운)

Lumberjack Slam
럼버잭 슬램 (달걀, 베이컨, 소시지, 해시 브라운, 비스킷, 팬케이크)

Chicken Fried Steak&Eggs
치킨 프라이드 스테이크&에그

Bacon Avocado Cheeseburger
베이컨 아보카도 치즈버거

Fit Slam
핏 슬램 (달걀 흰자, 칠면조 베이컨, 통곡물 토스트, 해시 브라운, 과일)

Pecan Pancakes
피칸 팬케이크

Classic Sampler
클래식 샘플러 (모짜렐라 스틱, 어니언 링, 치킨 텐더가 나오는 샘플러)

The Super Bird
더 슈퍼 버드 (칠면조 햄, 치즈, 베이컨 샌드위치)

가볍고 건강한 Breakfast의 대명사

앞서 소개한 아이합과 데니스가 미국 분위기의 기름지고 푸짐한 아침 식사를 즐길 수 있는 곳이라면, 퍼스트 와치는 좀 더 가볍고 건강한 아침·브런치 전문점입니다.

퍼스트 와치의 가장 큰 장점은 비건, 채식, 알레르기 대체 식단 등 다양한 요구를 유연하게 수용한다는 점이에요. 특정 재료를 빼거나 바꾸는 요청을 편하게 할 수 있어요.

또한 매장 조명이 밝고 화사해 세련되고 깔끔한 분위기예요. 감각적인 공간 덕분에 음식 사진도 예쁘게 나와서 인스타그램에 올리기도 좋죠.

퍼스트 와치는 오전 7시부터 오후 2시 30분까지만 운영합니다. 그래서 아침이나 브런치, 또는 가벼운 점심을 먹기 적합한 장소죠. 주말이나 피크 시간대에는 웨이팅이 길 수 있으니, 여유 있는 시간대에 방문하거나 미리 전화로 대기 상황을 확인하면 좋습니다.

아침에 칵테일을 먹는 문화?

퍼스트 와치의 다양한 아침·브런치 메뉴 중에서 아보카도 토스트는 특히 인기 있는 메뉴입니다. 통곡물로 만든 홀 그레인 식빵에 부드럽고 고소한 아보카도가 듬뿍 발려 있어요. 이 빵은 퍼스트 와치에서 자체 생산하는데 고소하면서도 은은한 단맛이 나요. 'Seed'licious Bread'라는 이름으로 매장에서 판매할 정도로 인기죠. 거기에 '케이지 프리(cage-free)' 달걀만을 사용한다고 하는데요. 그래서 달걀 요리도 더 고소하고 신선한 편입니다. 참고로 우리나라처럼 달걀에 케첩을 뿌려 먹는 것은 미국인들에겐 다소 호불호가 갈립니다. 단순한 문화 차이일 뿐이니 원하는 대로 드세요.

미국에서는 아침에 칵테일을 즐기는 문화도 있어서, 퍼스트 와치에서는 미모사(Mimosa), 벨리니(Bellini), 블러디 메리(Bloody Mary) 등을 주문할 수 있습니다. 미모사는 오렌지 주스와 샴페인을 1:1로 섞은 칵테일인데요, 실제로는 프랑스 샹파뉴 지역의 고급 샴페인 대신 이탈리아 프로세코 등 비교적 저렴한 스파클링 와인을 사용하는 경우가 많습니다.

퍼스트 와치에서는 오렌지 주스를 반쯤 담은 컵과 미니 스파클링 와인 병을 따로 주기 때문에, 원하는 비율로 직접 섞어 마실 수 있어요. 다만 미국에서는 술병을 남들이 볼 수 있도록 들고 다니는 게 금지되어 있기 때문에 남은 술은 가져갈 수 없어요. 이외에도 'Spiked Lavender Lemonade'처럼 'spiked'라는 표현이 붙은 음료는 알코올이 들어 있다는 표시니 아침이나 대낮부터 술이 들어간 음료를 피하고 싶다면 주의하세요.

식사를 마치면 서버가 계산서를 가져다 주는데요, 나가달라는 뜻이 아니니 오해하지 마세요. 종종 "No rush. Whenever you're ready.(준비되면 천천히 계산하세요.)" 같은 말을 덧붙여 주기도 해요. 계산은 앉은 자리에서 직접 하거나 카운터에서 할 수 있으며, 카운터에서 계산하더라도 팁을 남겨야 합니다.

치즈를 뺀 오믈렛 주문하기

퍼스트 와치는 고객의 요청을 유연하게 반영해 주는 식당이에요. 알레르기나 식단 조절의 이유로 특정 재료를 빼거나 바꾸고 싶을 때도 걱정 없이 주문할 수 있습니다. 유제품 알러지 때문에 치즈를 뺀 오믈렛을 주문하는 대화를 볼게요.

★★★★★

Customer	I'd like to get a Morning Market Veggie Omelet. But I have food allergies. Is it possible to make some adjustments?
손님	모닝 마켓 베지 오믈렛을 주문하고 싶어요. 그런데 음식 알러지가 있어요. 그에 맞춰서 주문 가능한가요?
Server	Absolutely.
서버	물론이죠.
Customer	I'm allergic to dairy, so I'd like the omelet without cheese.
손님	저는 유제품 알러지가 있어요. 그래서 치즈를 빼고 주문하고 싶어요.
Server	Of course, we can do that.
서버	그럼요. 해드릴게요.
Customer	Also, I'd like egg whites instead of whole eggs.
손님	그리고 달걀은 흰자만으로 해주세요.
Server	Sure. What would you like for a side dish?
서버	알겠습니다. 사이드로는 뭘 드시겠어요?
Customer	What do you have?
손님	뭐가 있나요?
Server	We have mixed greens, seasonal fruit and seasoned potatoes.
서버	샐러드, 과일, 양념된 감자가 있어요.
Customer	I'll have mixed greens.
손님	샐러드로 할게요.
Server	Anything else?
서버	또 필요한 것 있나요?
Customer	That's all. Thank you.
손님	그게 전부예요. 감사합니다.

Menu

여행 중 heavy한 미국 식사에 질려서 건강한 아침 식사를 원한다면 퍼스트 와치에 가보세요. 산뜻한 인테리어에 가벼운 브런치와 함께 기분 좋은 하루를 시작할 수 있어요.

Avocado Toast
아보카도 토스트

Sunrise Sandwich
선라이즈 샌드위치 (달걀, 치즈, 아보카도, 토마토 샌드위치)

The Traditional Breakfast
트래디셔널 브렉퍼스트 (달걀 두 개, 베이컨, 토스트가 나오는 아침 식사)

Power Wrap
파워 랩 (달걀, 아보카도, 베이컨, 치즈 랩)

Lemon Ricotta Pancakes
레몬 리코타 팬케이크

Sunrise Granola Bowl
선라이즈 그래놀라 볼 (그래놀라, 과일, 아몬드를 그릭 요거트에 섞은 메뉴)

The Works Omelet
더 웍스 오믈렛 (햄, 베이컨, 소시지, 치즈 오믈렛)

Classic Benedict
에그 베네딕트

Mango & Banana Smoothie
망고 바나나 스무디

Fresh Start Smoothie
프레시 스타트 스무디 (과일, 시금치 스무디)

250가지 메뉴 앞에서의 행복한 고민

치즈케이크 팩토리(The Cheesecake Factory)라고 하면 치즈케이크 전문점을 떠올릴 수도 있지만, 여기는 미국에서 잘나가는 패밀리 레스토랑이랍니다. 이름 때문에 미국 드라마 '빅뱅 이론'에서 여주인공 페니가 일하는 식당을 떠올리는 분도 있을 거예요. 하지만 드라마에 나오는 식당은 실제와는 전혀 다릅니다. 서버들은 페니처럼 노란색 옷에 청치마를 입지 않고, 인테리어도 캐주얼하지 않아요. 건물 외관부터 화려하고 실내 장식이 고급스럽습니다. 하지만 편안한 분위기라 '고급 캐주얼 레스토랑(upscale casual restaurant)'으로 분류되는 곳입니다. 방문할 때 차려 입을 필요까지는 없지만 후줄근한 옷은 피하는 게 좋아요.

참고로 드라마 속 치즈케이크 팩토리는 실제 매장을 촬영한 것도 아니고 공식 제휴도 없었다고 합니다. 다만 드라마에 자주 언급되다 보니 자연스럽게 홍보 효과를 본 셈이죠. 치즈케이크 팩토리 측에서도 따로 문제를 제기하지 않고 긍정적으로 받아들였다고 해요.

대부분의 매장은 건물이 웅장하고 예쁘게 꾸며져 있고 내부 공간도 넓고 깨끗합니다. 날씨가 좋을 때는 야외 좌석에서 식사할 수 있어서, 특별한 날 분위기 내기에도 좋은 장소예요.

칼로리만큼 행복해지는 맛

치즈케이크 팩토리는 메뉴판이 두껍기로 유명해요. 무려 21페이지 분량에 250가지가 넘는 메뉴가 있어서 처음 방문하면 뭘 먹어야 할지 고민하다가 시간이 훌쩍 지나갈 수도 있어요. 햄버거, 샐러드, 피자, 파스타는 물론이

고 퓨전 중식, 멕시칸 요리, 해산물, 스테이크 등 없는 게 없어요. 보통 진짜 맛집은 메뉴 수가 적다지만 여기에서는 의외로 아무거나 골라도 평균 이상은 합니다.

치즈케이크 팩토리는 고열량으로도 유명합니다. 그만큼 맛있기도 하죠. '맛과 칼로리는 비례한다'는 공식을 제대로 따르는 것 같아요. 메뉴 하나에 1,000kcal는 기본이고, 3,000kcal 넘는 메뉴도 있어요. 칼로리가 신경 쓰인다면 물론 590kcal 이하 메뉴로 구성되어 있는 'SkinnyLicious'(skinny + delicious의 합성어), 저칼로리 라인도 있습니다. 하지만 외식하면서까지 저칼로리를 고르기는 좀 아깝죠. 미국에서 체중을 조절하려면 외식 자체를 안 하는 게 현실적일 거예요.

치즈케이크 팩토리는 음식 양도 많아요. 성인 여성 기준으로 메뉴 하나가 1.5인분 정도 됩니다. 배부르면 억지로 다 먹지 말고 직원에게 **to-go box**를 요청해서 포장해 가세요. 식전 빵도 주는데, 씹을수록 은은한 단맛이 나고 버터를 곁들이면 너 맛있어요. 이 빵은 인기가 많아서 월마트 같은 미국 슈퍼마켓에서도 판매하고 있어요.

스낵 메뉴판의 '코리안 프라이드 콜리플라워'는 한식의 인기로 추가되었는데요. 완전한 한식은 아니고 퓨전 스타일입니다. 튀긴 콜리플라워와 양념의 조합이 맛있어요. '코리안 프라이드 치킨'도 있습니다. 밥 위에 퓨전 양념으로 버무린 치킨이 올라가고, 각종 토핑이 함께 나오는 구성이에요. 소스는 떡꼬치 양념에서 단맛을 좀 줄이고 간장을 더한 느낌입니다.

화이트 초콜릿 라즈베리 치즈케이크는 맛있다는 평이 많아요. 기대감을 갖고 맛본다면 '아, 이게 미국식 디저트구나'라는 생각이 들 거예요. 미국 디저트는 마치 설탕을 한 바가지 부은 느낌으로 정말 달거든요. 많은 한국인들이 미국에 오래 살아도 이 강렬한 단맛에는 적응하기 힘들다고 해요.

덜 익은 음식이 나왔을 때 대응하기

음식을 받았는데 뭔가 이상하다면, 주저 말고 바로 서버에게 이야기하세요. 특히 고기나 야채가 덜 익은 경우, 그냥 넘어갔다가는 소화 불량이나 배탈이 날 수도 있어요. 비싼 레스토랑일수록 고객의 피드백에 더 민감하고, 클레임에 관대하니 '그냥 참고 먹자'는 금물이에요.

★★★★★ 27.mp3

Server	Is everything alright with your meal?
서버	음식 괜찮은가요?
Customer	Not really. I ordered the Korean Fried Cauliflower, but the cauliflower is undercooked. It's hard in the center.
손님	아뇨. 코리안 프라이드 콜리플라워를 시켰는데, 콜리플라워가 덜 익었어요. 가운데가 딱딱해요.
Server	Oh no, I'm so sorry. Would you like us to remake it for you?
서버	앗, 정말 죄송합니다. 다시 만들어 드릴까요?
Customer	Yes, that would be nice.
손님	그러면 좋겠어요.
Server	Absolutely. I'll let the kitchen know right away. Anything else while you wait?
서버	당연하죠. 부엌에 바로 알릴게요. 기다리시는 동안 필요한 것 있나요?
Customer	May I have more bread and butter?
손님	빵이랑 버터 더 주실 수 있을까요?
Server	Sure. I'll bring some fresh bread out for you and I'll make sure the cauliflower is cooked perfectly this time.
서버	그럼요. 갓 구운 빵 가져다 드릴게요. 그리고 이번에는 잘 익었는지 확인할게요.
Customer	Thank you.
손님	감사합니다.

(새로 조리된 음식이 나온다)

Server	How is it?
서버	어떠세요?
Customer	It's great. It tastes much better now. Thank you.
손님	좋아요. 훨씬 맛있네요. 감사합니다.
Server	My pleasure. Enjoy the rest of your meal!
서버	천만에요. 맛있게 드세요.

높은 칼로리 식단에 민감한 분이라면 고민해봐야 하는 체인입니다. 하지만 여행 중에는 다이어트 걱정은 잠깐 내려놓고 고칼로리의 풍성함을 잠깐 즐겨보면 어떨까요?

Avocado Eggrolls
아보카도 에그롤

Bang-Bang Chicken & Shrimp
뱅뱅 치킨 쉬림프 (매콤한 소스에 튀긴 닭고기와 새우 요리로, 밥과 함께 나온다)

Spicy Chicken Chipotle Pasta
스파이시 치킨 파스타

Cobb Salad
콥 샐러드 (닭고기, 아보카도, 베이컨 등의 재료를 잘게 썰어 올린 샐러드)

Fresh Strawberry Cheesecake
신선한 딸기 치즈케이크

Godiva Chocolate Cheesecake
고디바 초콜릿 치즈케이크

Fettuccine Alfredo with Chicken
치킨 크림 파스타

Orange Chicken
오렌지 치킨

Seared Ahi Tuna Salad
참치 타다키 샐러드 (겉면을 살짝 익힌 참치회가 올라간 샐러드)

Fried Macaroni and Cheese
프라이드 마카로니 앤 치즈

무제한 샐러드와 수프의 인심 좋은 패밀리 레스토랑

올리브 가든은 미국인이 즐겨 찾는 퓨전 이탈리안 패밀리 레스토랑입니다. 주중 저녁, 주말 식사 시간 때에 방문하면 사람들이 줄을 서서 기다리고 있으니 평일 점심 방문을 추천해요. 매장도 비교적 한산하고 합리적인 가격의 런치 메뉴를 즐길 수 있어요. 디너 메뉴는 성인 여성 기준 1.5인분 정도로 푸짐하게 나오지만 런치 메뉴는 1인분에 가까워 양이나 가격 부담이 적기도 해요.

올리브 가든은 이탈리안 레스토랑이지만 놀랍게도 정식 메뉴에 피자가 없어요. 키즈 메뉴에만 치즈 피자와 페퍼로니 피자가 소형으로 제공돼요. 파스타는 면은 알 덴테(al dente, 파스타 가운데 부분의 심지가 살짝 씹히는 식감으로 익힌 상태)가 아닌 퍼진 느낌이라 취향을 타는 편이에요. 라자냐가 한국인 입맛에 잘 맞는 편이고, 가성비 좋은 무제한 수프, 샐러드, 브레드 스틱 세트 메뉴를 강력 추천합니다.

올리브 가든에서는 대부분의 음식 위에 신선한 치즈를 갈아 주는데요. 서버가 커다란 그라인더를 들고 와 "그만"이라고 할 때까지 멈추지 않죠. 유튜브에는 치즈가 산처럼 쌓일 때까지 멈추지 않고 계속 갈아 달라고 장난치는 영상도 볼 수 있어요. 적당하다 싶으면 "That's good" 또는 "That's enough"라고 말하면 서버가 멈춰줍니다.

미국 현지화된 이탈리안 푸드의 매력

올리브 가든의 무제한 수프·샐러드·브레드스틱 세트에서 수프는 몇 가지 중에 고를 수 있어요. 주파 토스카나 수프(Zuppa Toscana Soup)가 단연 최고입니다. 크림 베이스지만 느끼하지 않고 부드러운 감자와 이탈리안 소시지,

케일의 조화가 정말 맛있어요. 한 그릇 다 먹고 나면 리필하고 싶어지는데 이때 다른 종류의 수프로 변경 가능해요.

브레드스틱은 올리브 가든의 시그니처로 짭짤한 시즈닝이 감칠맛을 더해요. 수프를 더 많이 먹고 빵은 반쪽만 먹고 포장해 가는 것도 현명한 이용법이죠. 이 세트는 저렴한 가격에 무제한으로 먹을 수 있어 가성비 좋은 한 끼로 딱입니다.

메뉴판에는 한국인들이 좋아하는 크림 파스타는 따로 없어요. 가장 비슷한 건 알프레도(Alfredo) 파스타 정도인데요. 원래 이탈리아에서는 버터, 파르미지아노 레지아노 치즈, 그리고 면수로 소스를 만들지만, 미국에서는 생크림(heavy cream)을 더해 현지화해서 더욱 인기를 얻었죠. 간이 심심하게 느껴지면 소금을 살짝 뿌려보세요.

올리브 가든에는 치킨 페투치니 알프레도(Chicken Fettuccine Alfredo, 닭가슴살과 알프레도 소스, 페투치니 파스타 면이 어우러진 파스타), 스파게티 & 미트볼, 치킨 파르미자나(Chicken Parmigiana) 등 미국 스타일로 재해석된 이탈리아 요리가 다양하게 준비되어 있어요. 치킨까스 위에 토마토소스와 피자 치즈를 올린 치킨 파르미자나는 스펠링이 복잡해서 미국인들은 '치킨 팜(Chicken Parm)'이라고 줄여 불러요. 친구와 함께 '치킨 파자마'라고 부르며 웃었던 적도 있죠.

특정 재료를 추가하거나 빼 달라고 하기

올리브 가든의 샐러드에는 로메인 상추, 토마토, 양파, 블랙 올리브, 페퍼론치니 고추, 크루통, 파르메산 치즈가 들어가 있어요. 기호에 따라 재료를 추가하거나 빼 달라고 요청할 수 있죠. 페퍼론치니 고추를 빼고 블랙 올리브를 더 넣어 달라고 주문하는 대화를 볼게요.

★★★★★ (28.mp3)

Server	Have you decided what you would like to order or do you need more time?
서버	주문 결정하셨나요? 아니면 시간이 더 필요하신가요?
Customer	I know what I want. I'd like to order the unlimited soup and salad combo.
손님	원하는 음식이 있어요. 무한 리필 수프와 샐러드 세트로 할게요.
Server	Great choice! Are you okay with our signature Italian dressing for your salad?

서버	좋은 선택이네요. 저희 시그니처 이탈리안 드레싱 괜찮으세요?
Customer	Yes. What's in the salad?
손님	네. 샐러드 안에는 뭐가 들어가나요?
Server	It has lettuce, tomatoes, red onion, black olives, croutons, whole pepperoncini peppers and Italian dressing.
서버	양상추, 토마토, 자색 양파, 블랙 올리브, 크루통, 페퍼론치니 고추와 이탈리안 드레싱이 들어가요.
Customer	I'd like extra black olives but no pepper. And I want Zuppa Toscana soup.
손님	올리브는 추가해 주시고, 페퍼는 빼 주세요. 그리고 수프는 주파 토스카나로 할게요.
Server	Sure. I'll bring them as soon as they're ready.
서버	알겠습니다. 준비되는대로 가져올게요.

(음식이 나온다)

Server	Would you like cheese on your food?
서버	음식에 치즈 뿌려드릴까요?
Customer	Yes, please.
손님	네.
Server	Let me know when you want me to stop.
서버	제가 멈췄으면 할 때 알려주세요.

(서버가 치즈를 수북하게 뿌린다)

Customer	That's good.
손님	이제 좋아요.
Server	Alright. Enjoy your food!
서버	알겠습니다. 맛있게 드세요.

Menu

올리브 가든은 미국식 이탈리안 메뉴를 경험하기 좋은 장소예요. 한국식 이탈리안과는 또 다른 현지식 매력을 느낄 수 있을 거예요.

Calamari
칼라마리 (오징어 튀김)

Spinach-Artichoke Dip
시금치 아티초크 딥

Chicken Alfredo
치킨 크림 파스타

Tour of Italy
투어 오브 이탈리아 (치킨 파르미자나, 라자냐, 크림 스파게티가 함께 나오는 요리)

Shrimp Scampi
쉬림프 스캠피 (갈릭 소스 새우 스파게티)

Eggplant Parmigiana
가지 파르미자나 (빵가루를 입혀 튀긴 가지에 토마토 소스와 피자치즈를 얹은 요리. 스파게티와 함께 나온다)

Zuppa Toscana
주파 토스카나 수프

Chicken & Gnocchi Soup
치킨 뇨끼 수프

Tiramisu
티라미수

Chocolate Lasagna
초콜릿 라자냐 (초콜릿 무스가 층층이 쌓여 있는 레이어 케이크)

할머니 밥상 같은 미국 남부식 패밀리 레스토랑

미국 남부식 음식은 따뜻하고 푸근하며, 정감 가득한 '할머니 밥상' 같은 요리인데요. 튀긴 음식, 그레이비, 버터 등 칼로리가 높은 재료를 듬뿍 넣은 음식들이 주를 이뤄요. 크래커 배럴이 바로 대표적 미국 남부식 체인인데, 정성껏 차려준 요리와 푸근한 분위기가 매력적인 곳이죠. 실제로 매장에 가보면 어르신 손님들이 많아 느긋하고 따뜻한 공기가 감돌아요. 여기에 실내 장식도 한몫 하는데요. 빈티지한 소품들이 가득해서 할머니 집에 초대받은 기분이 들죠.

문을 열고 들어가면 테이블 대신 기념품 가게가 먼저 반겨줘요. 아기자기하고 귀여운 물건들이 많아서 그냥 지나치기 어려울 수도 있어요. 특히 아이들이 좋아하죠. 여행 중 작은 선물이나 기념품 구입하기에도 좋고 웨이팅하는 동안 간단히 구경해도 좋아요. 매장 앞에 있는 흔들의자도 웨이팅 때 타 보세요.

크래커 배럴에서는 소식가와 대식가를 동시에 만족시킬 수 있는 다양한 메뉴를 팔고 있어요. 평일 런치는 음식 양을 줄인 대신 가격을 낮추었고, 일부 메뉴는 사이드를 3개까지 시킬 수 있는 옵션을 제공해요.

추수감사절이나 크리스마스처럼 온 가족이 모이는 날에 다같이 나눠먹을 수 있는 음식도 팔기 때문에 명절 시즌에는 포장 주문하는 분들도 많아요. 미국의 추수감사절에는 대부분의 식당과 마트가 문을 닫는데, 크래커 배럴은 영업을 해서 가족과 떨어져 지내는 유학생이나 여행자들도 따뜻한 식사를 즐길 수 있어요. 단, 크리스마스엔 크래커 배럴도 문을 닫습니다. 명절에 여행을 계획하고 있다면 구글로 방문 가능한 식당들을 미리 체크해 두면 좋겠죠?

미국인들의 소울 푸드, 남부식 음식

미국 남부식 음식은 프라이드 치킨, 맥앤치즈, 버터밀크 비스킷처럼 기름지고 칼로리가 높은 메뉴가 많은데요. 건강에는 좋지 않을 수 있지만 미국인들에겐 'comfort food', 즉 마음을 편안하게 해주는 음식으로 여겨져요. 미국에서는 북부 사람들은 조금 딱딱하고, 남부 사람들은 더 친근하고 느긋하다는 이미지가 있어요. 크래커 배럴은 그런 남부 특유의 따뜻하고 여유로운 분위기를 음식과 매장 분위기 모두에 잘 담아내고 있죠.

한국인 입맛에는 기름진 남부 음식이 잘 맞지 않을 수 있어요. 그런데도 크래커 배럴에서 추천하는 메뉴가 있다면 '프라이드 캣피시(Fried Catfish)', 메기 튀김입니다. 한국에서는 메기를 보통 탕으로 먹지만 미국에서는 살을 발라 바삭하게 튀겨 생선가스로 먹는 경우가 많아요. 튀김 반죽으로는 밀가루가 아니라 옥수수 가루를 써서 튀김옷이 두껍지 않고 톡톡 씹히는 식감이 좋습니다. 여기에 사이드 메뉴를 2개 혹은 3개를 곁들일 수 있는 옵션이 있습니다. 일부 사이드는 추가 금액이 붙으니 메뉴판을 참고하세요.

사이드 중 하나인 코울슬로(coleslaw)는 아삭하고 새콤하긴 한데 마요네즈가 듬뿍 들어 있어 조금 느끼해요. 해시브라운 캐서롤(Hashbrown Casserole)은 감자를 잘게 썰어 치즈와 함께 구워낸 것으로 가장 인기가 많은 사이드 중 하나예요. 서비스로 나오는 비스킷은 부드럽고 포슬포슬해서 버터를 살짝 발라 먹으면 속까지 따뜻해지는 기분이 들어요.

음식을 다 먹고 계산하려는 데 서버가 오지 않는다면 마냥 기다리지 말고 기념품 가게 쪽에 있는 카운터에서 직접 계산하면 됩니다. 물론 식사 중 서버의 응대를 받았기 때문에 팁은 잊지 않고 내야해요.

주문 시 추가 소스 요청해 보기

메기튀김에 함께 나오는 타르타르 소스가 정말 맛있어요. 상큼해서 메기튀김과 잘 어울리는데 듬뿍 찍어먹기 위해 더 달라고 요청하는 대화입니다.

★★★★★

29.mp3

Customer 손님	I'd like a fried catfish meal, please. 튀긴 메기 식사를 주문하고 싶어요.
Server 서버	Excellent choice. Would you like 2 sides or 3 sides? 좋은 선택이에요. 사이드는 2가지, 3가지 중에 어떤 걸로 하시겠어요?
Customer 손님	I'll choose 2 sides. 2개로 할게요.
Server 서버	What would you like for your sides? 사이드는 뭘로 드릴까요?
Customer 손님	I'll have coleslaw and the hashbrown casserole. 코울슬로와 해시브라운 캐서롤로 할게요.
Server 서버	Perfect. 좋아요.
Customer 손님	Oh, can I have extra tartar sauce for the fish? 아, 생선 요리에 나오는 타르타르 소스 추가로 주실 수 있나요?
Server 서버	Of course. 당연하죠.
Customer 손님	Thanks. 감사해요.
Server 서버	No problem. Anything to drink with your meal? 문제 없어요. 마실 것도 주문하시겠어요?
Customer 손님	Just water with lemon, please. 그냥 물에 레몬 조각 넣어 주세요. (무료 옵션)

Menu

크래커 배럴에는 기름진 고칼로리 메뉴가 많지만 느끼한 것에 거부감이 없다면 맛과 양 모두 만족스러울 거예요. 특히 평일 점심에 가면 가격이 저렴하고 한국 기준 1인분 양으로 적당히 즐길 수 있습니다.

Momma's Pancake Breakfast
팬케이크, 달걀, 베이컨이 나오는 아침 식사 메뉴

Meatloaf
미트로프

Country Fried Steak
그레이비와 함께 나오는 비프까스

Southern Fried Chicken
프라이드 치킨

Sunday Homestyle Chicken
선데이 홈스타일 치킨 (닭가슴살 튀김)

Chicken Pot Pie
치킨 팟 파이 (치킨과 채소가 들어간 파이)

Grilled Catfish
그릴에 구운 메기

Hashbrown Casserole
해시브라운 캐서롤

Macaroni n' Cheese
마카로니 앤 치즈

Double Chocolate Fudge Coca-Cola Cake
코카콜라 초콜릿 케이크

가성비 런치의 스테이크 전문점

롱혼 스테이크 하우스는 미국 동부에서는 쉽게 찾을 수 있는 대표적인 스테이크 체인점입니다. 2025년 기준, 43개 주에 약 600개 매장을 운영하고 있을 만큼 규모가 크지만, 서부 지역에서는 비교적 보기 어려워요.

특히 평일 점심 런치 메뉴의 가성비가 돋보입니다. 외식비가 꾸준히 오르고 있는 미국에서 한 끼 20달러를 넘기기 쉬운 요즘, 롱혼에서는 오전 11시부터 오후 3시까지 10달러대 런치 메뉴를 부담 없이 즐길 수 있어 현지인들에게 인기가 높아요.

스테이크뿐 아니라 해산물, 치킨, 파스타까지 메뉴 구성이 다양해서 누구와 가든 취향을 맞추기 쉬운 것도 장점인데요. 사이드 메뉴는 무려 16가지나 되며, 일부는 추가 요금이 붙지만 선택의 폭이 넓어 만족도가 높죠. 키즈 메뉴도 잘 갖춰져 있어 가족 외식으로도 좋고, 캐주얼한 데이트 장소로도 손색이 없습니다. 와인, 맥주, 칵테일 등 주류도 다양하게 갖춰져 있죠.

참고로 롱혼은 냉동이 아닌 신선한 소고기를 사용한다고 강조하지만, 스테이크 맛이 압도적으로 뛰어난 편은 아닙니다. 대신, 버터 갈릭 새우, 시즈닝 감자, 샐러드 같은 스테이크 외 메뉴들이 의외의 만족감을 주는 곳이에요.

죽은 빵도 살리는 마법의 버터

사진은 6oz(약 170g) 미디엄 레어 등심 스테이크, 프렌치 어니언 수프, 그리고 크리스피 방울 양배추를 주문한 것인데요. 참고로 1온즈는 28.35g정도입니다. 스테이크는 익힘 정도에 따라 레어(rare), 미디엄 레어(medium rare),

미디엄(medium), 미디엄 웰(medium well), 웰던(well done) 중에서 선택할 수 있어요. 레어는 겉만 익힌 것이고, 미디엄은 중간 정도로 익힌 상태, 웰던은 완전히 익힌 상태예요. 미디엄 레어는 레어와 미디엄의 중간으로, 겉은 적당히 익고 속은 분홍빛입니다.

프렌치 어니언 수프는 천천히 볶아 단맛을 끌어낸 양파와 감칠맛 가득한 육수, 오븐에 녹인 치즈가 어우러져 깊은 풍미를 자랑합니다.
크리스피 방울 양배추는 한국인의 기준에서 탔다 싶을 정도의 비주얼이어서 별로입니다. 채소를 곁들이고 싶다면 시저 샐러드를 추천해요.
사진 속 음료는 텍사스 마가리타로, 오렌지 주스 베이스의 무난한 칵테일이에요. 마라리타보다는 스크루 드라이버에 가까운 맛입니다. 상큼한 칵테일을 좋아한다면 시원한 상그리아가 더 좋은 선택일 수 있어요. 무엇보다 얼굴만 한 유리잔에 담겨 나와 사진 찍기에도 제격이거든요.

롱혼 스테이크 하우스의 숨은 인기 메뉴는 바로 버터입니다. 빵 상태가 조금 아쉬워도 이 버터 하나면 모든 게 용서될 정도로 진한 풍미를 자랑해요. **빵을 약간 남겨두었다가 포장할 때 "May I have extra butter to go?"라고 공손하게 말해 보세요. 무료로 챙겨주고, 운이 좋으면 따끈한 빵까지 함께 포장해 주는 경우도 있어요.** 이럴 때는 서버에게 팁을 넉넉하게 주고 싶어질지도 몰라요. 일반적인 팁은 음식값의 18~20%, 서비스가 특히 만족스러웠다면 25% 이상 주는 것이 자연스러운 문화랍니다.

남은 음식 포장하며 추가로 버터 요청하기

미국 음식점은 양이 많아 남은 음식을 포장해가는 경우가 흔해요. 빵이 남았다면 포장을 부탁하면서 버터를 추가로 달라고 말하는 상황을 볼까요?

★★★★★

Server 서버	**Are you doing okay?** 잘 드시고 계세요?
Customer 손님	**Yes. Actually, I'm done eating.** 네. 사실은 다 먹었어요.
	(접시에 빵과 음식이 남아 있다)
Server 서버	**Would you like a to-go box?** 포장 박스 갖다 드릴까요?
Customer 손님	**Yes, please. May I have 2 boxes? I don't want the sauce to soak into my bread.** 네. 박스는 2개 주실 수 있나요? 빵에 소스가 스며드는 게 싫어서요.
Server 서버	**No problem.** 문제 없어요.
Customer 손님	**Also, may I have extra butter to go?** 그리고 추가 버터도 포장해 주실 수 있나요?
Server 서버	**Sure. I'll be back with the boxes and butter.** 네. 박스와 버터 가지고 올게요.
Customer 손님	**Thank you.** 감사합니다.
	(서버가 따끈따끈한 빵까지 추가로 들고 왔다)
Customer 서버	**Awww, thank you so much. I really appreciate it.** 아… 정말 감사합니다. 감사히 잘 먹을게요.
Server 서버	**My pleasure. Have a great day.** 제 할 일인 걸요. 좋은 하루 보내세요.

Menu

롱혼 스테이크 하우스 스테이크는 다소 평범하지만 다양한 메인 요리와 사이드 메뉴가 잘 갖춰져 있어 취향에 따라 고르기 좋아요. 특히 평일 점심에 제공되는 런치 메뉴는 가성비가 뛰어나니 가격 부담 없이 즐길 수 있죠.

Outlaw Ribeye
꽃등심 스테이크

Flo's Filet
안심 스테이크

The LongHorn Porterhouse
포터하우스 스테이크

Renegade Sirloin
등심 스테이크

Redrock Grilled Shrimp
새우 구이

Parmesan Crusted Chicken
파마산 크러스티드 치킨 (바삭한 파마산 치즈 크러스트가 올라간 닭고기 요리)

Baby Back Ribs
바비큐 폭립

Loaded Baked Potato
로디드 베이크트 포테이토 (다양한 토핑이 올라간 구운 통감자)

Seasoned French Fries
양념 감자

Chocolate Stampede
초콜릿 스탬피드 (바닐라 아이스크림과 함께 나오는 초콜릿 케이크)

후한 인심의 스테이크 맛집

텍사스는 바비큐와 스테이크 등 고기 요리로 유명한 주입니다. 그래서 텍사스 로드하우스에 가면 미국 국기와 함께 텍사스 주기가 펄럭이고 있어요. 하지만 여기는 사실 인디애나주에서 시작되었어요. '인디애나 로드하우스'보다 '텍사스'가 훨씬 고기 전문점답게 들리기 때문에 붙여진 이름이에요. 실제로 가장 큰 매장도 텍사스에 있습니다. 한국에 매장이 몇 개 있어 이미 가본 분들도 있을 거예요. 참고로 롱혼 스테이크 하우스 역시 텍사스 느낌이 물씬 나지만, 출발지는 조지아주랍니다.

텍사스 로드하우스는 보통 오후 3~4시에 문을 열고, 월요일부터 목요일까지는 6시 이전에 '얼리 다인(Early Dine)' 메뉴를 할인된 가격에 제공합니다. 문 여는 시간은 지점마다 차이가 있으니 방문 전에 확인하세요.

Dine은 '식사하다'라는 뜻이니, 일찍 식사하면 등심 스테이크를 포함한 일부 메뉴를 몇 달러 저렴하게 즐길 수 있는 셈이죠. 보통은 런치 없이 저녁에만 영업하는 날이 많지만, 평균 하루 450인분 이상을 판매한다고 해요. 비결은 역시 가성비 좋은 메뉴와 텍사스다운 후한 인심이죠. 저녁 시간대엔 대기 줄이 길어지는 경우도 많으니, 붐비는 시간을 피하고 싶다면 구글에 'Texas Roadhouse + 도시명 + busy hours'를 검색해 보세요. 여유 있는 시간대를 미리 확인할 수 있습니다.

따끈한 빵과 스테이크의 행복한 조합

매장 한켠엔 다양한 부위의 스테이크가 진열되어 있어 고기 전문점이라는 인상을 단번에 줍니다. 실제 메인 메뉴도 단연 스테이크죠. 하지만 해산물 요리나 샐러드도 함께 제공돼, 취향에 따라 다양하게 고를 수 있어요.

자리에 앉자마자 따뜻한 빵과 시나몬 버터가 먼저 제공되는데요, 바로 이 빵 때문에 텍사스 로드하우스를 찾는 사람들도 있을 정도입니다. 매장에서 직접 구운 폭신한 빵에 달콤한 시나몬 버터를 듬뿍 발라 한 입 베어 물면, 입안이 행복해져요. 메인 요리가 곧 나오니, 너무 많이 먹지 않도록 양 조절은 필수입니다.

스테이크는 최고급은 아니지만, 이 가격대에서 낼 수 있는 맛의 정점이라 해도 과언이 아닙니다. 자칫 질길 수 있는 부위도 부드럽고 촉촉하게 잘 구워져 나와요. 고기를 자체 숙성하는 방식 덕분에 간도 잘 배어 있죠. 비슷한 가격대의 다른 스테이크하우스보다 확실히 더 맛있다는 평가가 많아요.

곁들이는 소스도 일품입니다. 미국 슈퍼에서 흔히 볼 수 있는 스테이크 소스인 A1 소스보다도 더 맛있다는 평이 많죠. 이 소스는 매장에서 직접 구입도 가능하니, 입에 맞는다면 하나쯤 사가도 좋아요.

사이드 메뉴도 가짓수가 많아 고르는 재미가 쏠쏠합니다. 샐러드, 채소, 감자튀김 등 다양하게 구성할 수 있고요. 사진 속 메뉴는 시저 샐러드와 칠리입니다.

칠리는 '칠리 콘 카르네(Chili con carne)'의 줄임말로, 고기와 콩이 듬뿍 들어간 걸쭉한 수프로 미국에서 흔히 먹는 음식이에요. 식전 빵, 메인 요리, 사이드 2종까지 곁들이면 양이 꽤 많습니다. 남은 음식은 포장해 갈 수 있고, 이때 빵을 남겨두었다가 시나몬 버터까지 함께 챙겨달라고 하면 흔쾌히 응해 줘요.

Early Dine 메뉴 주문하기

Steak fries라는 두툼하고 큼직한 감자튀김을 사이드로 시키는 대화를 볼 게요. 감칠맛을 위해 'Loaded with cheddar cheese and bacon' 옵션을 추천해요. 감자튀김 위에 치즈랑 베이컨이 듬뿍 올라간 메뉴인데, 프라이가 두툼해서 식감도 좋고, 토핑과 잘 어울려요. 메뉴에 'loaded'라는 단어가 붙어 있으면, 토핑이 가득 올라간 메뉴라는 뜻이에요.

★★★★★

Server	Are you ready to order, or do you need a few more minutes?
서버	주문할 준비되셨나요? 아니면 시간이 더 필요한가요?
Customer	I'm ready. I'd like to order a 6oz sirloin steak from the Early Dine menu.
손님	준비됐어요. 얼리버드 식사 메뉴에 있는 6 온즈 (약 170g) 등심 스테이크를 주문할게요.
Server	Sure. How would you like your steak?
서버	네. 익힘 정도는 어떻게 해드릴까요?
Customer	Medium-rare, please.
손님	미디엄 레어로 주세요.
Server	Would you like to smother your steak with sautéed mushrooms and onions?
서버	스테이크에 볶은 버섯이랑 양파 토핑 추가하시겠어요?
Customer	Does it cost extra?
손님	추가 금액이 있나요?

Server	Yes, it's $2.29.
서버	네. 2.29달러입니다.
Customer	I'll take the mushrooms and onions.
손님	버섯이랑 양파 토핑 올려주세요.
Server	Steak comes with two sides. What would you like?
서버	스테이크에는 사이드 메뉴 두 가지가 나와요. 어떤 걸로 하시겠어요?
Customer	I'll have a Caesar salad and steak fries loaded with cheddar cheese and bacon.
손님	시저 샐러드랑 스테이크 프라이요. 감자튀김 위에 체다 치즈랑 베이컨 토핑 추가해 주세요.
Server	Got it. I'll be back with your food.
서버	알겠습니다. 음식 곧 가져다 드릴게요.
Customer	Thank you.
손님	감사합니다.

Menu

텍사스 로드하우스는 합리적인 Early Dine 메뉴, 그리고 텍사스 스타일의 후한 인심으로 사랑을 받고 있어요. 빵과 달콤한 시나몬 버터의 조합도 좋고요. 가성비 스테이크를 찾는다면 방문해 보세요.

Hand-cut Sirloin
등심 스테이크

Ft. Worth Ribeye
꽃등심 스테이크

Dallas Filet
안심 스테이크

New York Strip
채끝살 스테이크

Fall-Off-The-Bone Ribs
바비큐 폭립

Herb Crusted Chicken
허브 크러스티드 치킨 (허브와 각종 양념이 들어간 닭 요리)

Grilled Salmon
구운 연어

Loaded Sweet Potato
로디드 스윗 포테이토 (허니 시나몬 카라멜 소스와 마시멜로우를 얹어서 구운 통고구마)

Cactus Blossom
블루밍 어니언

Big Ol' Brownie
브라우니

Part 5

Car Rental & Hotels

렌터카 | 엔터프라이즈

호텔 | 힐튼 | 홀리데이 인 익스프레스

미국은 뉴욕이나 시카고처럼 대중교통이 잘 갖춰진 대도시를 제외한 다른 지역은 지하철이나 버스를 이용하기 쉽지 않아요. 특히 미국의 광활한 평지나 국립공원을 여행하려면 자동차 운전은 필수예요. 이 때문에 많은 여행객들이 렌터카를 이용해요.

현지인들에게도 자동차는 필수품입니다. 여행이나 출장, 차량 수리 기간 동안은 렌터카를 찾는 경우도 많아 미국의 렌터카 시장은 정말 커요. 그래서 업체마다 경차부터 SUV, 고급 차종까지 다양한 옵션을 제공해요.

그중에서도 가장 유명한 곳이 바로 엔터프라이즈 렌트 어 카, 줄여서 엔터프라이즈입니다. 이 회사는 제2차 세계대전 당시 항공모함 USS 엔터프라이즈(USS Enterprise)에서 파일럿으로 복무했던 잭 테일러(Jack Taylor)가 전쟁

후 미주리주의 작은 도시에서 시작한 렌터카 사업이에요. 자신이 복무했던 항공모함의 이름을 따왔다고 합니다.

엔터프라이즈의 강점은 고객 픽업 서비스입니다. 미국은 한국만큼 대중교통이 발달하지 않아 렌터카 업체까지 이동이 번거로운데요. 엔터프라이즈는 이 점을 잘 이해해 고객이 있는 곳까지 픽업하러 가는 서비스를 제공합니다.(공항 지점은 제외) 차를 반납한 후에도 고객이 지정한 장소까지 데려다 주기 때문에 이동에 대한 부담이 훨씬 줄어들어요.

창업자 테일러는 "고객과 직원이 만족하면 수익은 자연스럽게 따라온다"는 철학을 갖고 있어요. 직원들이 회사에 만족을 느끼면 자연스럽게 친절한 서비스로 이어지고, 고객도 좋은 경험을 하게 된다는 거죠.
이러한 원칙 덕분에 엔터프라이즈는 미국 렌터카 시장 점유율 1위에서 나

아가 전 세계에서 가장 큰 렌터카 업체로 성장했습니다. 미국 내 4,100개가 넘는 지점이 있는데, 2위인 허츠(Herz)와 3위인 에이비스(Avis)를 전부 합친 것보다 많습니다. 모회사인 엔터프라이즈 홀딩스는 내셔널 카 렌탈(National Car Rental), 알라모 렌트 어 카(Alamo Rent A Car)도 함께 운영하고 있어, 세 브랜드를 합치면 미국 내에 4,700개 정도의 지점이 있습니다.(2025년 기준)

엔터프라이즈 렌터카 이용 방법과 주의할 점

미국에서 렌터카를 이용하려면 국제 운전면허증이 필요합니다. 특히 미국은 의료비와 차량 수리비가 매우 비싸서, 차를 빌릴 때 사고나 각종 문제에 대비한 보험(insurance)과 프로텍션 플랜(protection plan, 차량 사고나 도난, 제3자 피해 등에 대비해 선택할 수 있는 보험 및 면책 조항)을 꼼꼼히 확인하고 선택하는 것이 중요합니다. 엔터프라이즈에서는 일반적으로 네 가지 보험 및 프로텍션 플랜을 제공하는데요. 각각 어떤 항목을 보장하는지 반드시 확인하고, 이해가 어렵다면 직원에게 설명을 요청하세요.

- **Damage waiver:** 차가 손상되거나 도난당했을 때 손실의 일부 혹은 전체를 커버
- **Personal effect coverage:** 렌터카 내 개인 소지품의 도난이나 손상에 대해 보상
- **Supplemental liability protection:** 제3자에게 인적 또는 물적 피해를 입혔을 때 보장
- **Roadside protection:** 손님이 열쇠를 잃어버리거나, 차 키를 안에 두고 잠궜을 때 생기는 비용을 커버하고, 기름이 떨어졌을 때 가져다주는 등의 긴급 상황 지원

차량 종류나 가격대를 미리 알아보고 싶다면 엔터프라이즈 공식 홈페이지를 방문해 보세요. 홈페이지에서 픽업 예약도 할 수 있어 편리합니다. 지점

마다 픽업 서비스 가능 거리에는 차이가 있어요. 예를 들어 제가 방문했던 한 지점은 3~4마일(약 6km)까지 가능했지만 홈페이지에서는 최대 10마일(약 16km)까지 제공된다고 안내하고 있었어요.

미국 여행 시 차종 선택도 중요해요. 시내 주행 위주라면 작고 연비 좋은 경차가 효율적이지만, 고속도로 주행이 많다면 중형차 이상을 추천해요. 예를 들어, 플로리다의 I-4 고속도로는 제한 속도가 시속 70마일(약 110km)이지만, 실제로는 80마일(약 130km) 이상으로 달리는 사람이 많아 작은 차량은 흔들림이 커서 불안할 수 있어요.

미국 운전자들은 일반적으로 양보 운전을 하는 편이지만 애틀랜타나 올랜도 같은 대도시에서는 한국과 별반 다르지 않습니다. 방향지시등을 켜도 양보하지 않고 속도를 내는 차량도 종종 보입니다.

온라인에서 예약한 차 찾기
온라인에서 미리 차를 예약하고 현장에서 보험을 추가하는 대화를 볼게요. 특히 4가지 보험 종류를 미리 숙지해 두면 실제 렌터카를 이용하실 때 도움이 될 거예요.

★★★★★ 32.mp3

Customer 손님	Hi, I reserved a car for pickup. 안녕하세요. 예약한 차를 찾으러 왔어요.
Employee 직원	Great. Your driver's license and credit card, please. 좋아요. 운전면허증과 신용카드를 보여주세요.
Customer 손님	Sure. 네.
Employee 직원	You reserved a Hyundai Kona. Is that correct? 현대 코나를 예약하셨네요. 맞나요?
Customer 손님	That's right. 맞아요.
Employee 직원	Before we finalize, would you like to add any protection options? 마무리를 하기 전에 보험을 추가하시겠어요?
Customer 손님	What kind of protection options do you have? 어떤 보험이 있나요?
Employee 직원	We have 4 options. 종류는 4가지가 있어요.

A Damage Waiver covers all or part of the cost of damage to, loss or theft of, the vehicle. It doesn't apply to damage occurring in Mexico.

Damage waiver는 차가 손상되거나 도난당했을 때 손실의 일부 혹은 전체를 커버합니다. 멕시코에서 발생한 손실에 대해서는 책임을 지지 않아요.

Personal Effects Coverage insures the personal belongings of the renter, additional drivers, or anyone traveling with the renter against the risks of loss or damage.

Personal effect coverage는 차를 렌트 하신 분, 추가 운전자, 그리고 같이 여행하는 분의

232

물건이 없어졌거나 손상되었을 때 보상하는 플랜이에요.

Supplemental Liability Protection provides the renter and authorized drivers with up to a $300,000 combined single limit for injury to others or property damage caused while driving the rental. It doesn't cover any loss resulting from use or operation of the vehicle in Mexico.

Supplemental liability protection은 운전을 하는 도중 다른 사람을 다치게 하거나 재산상의 손실을 생기게 만들었을 때 30만 달러까지 커버합니다. 전부 합쳐서 딱 한 번만요. 멕시코에서 생긴 손실에 대해서는 커버하지 않습니다. (커버하는 금액은 추후 변경될 수 있음)

Roadside Protection allows customers to waive financial responsibility for chargeable roadside incidents such as lost keys, lockouts, and running out of fuel.

Roadside protection은 손님이 열쇠를 잃어버리거나, 차 키를 안에 두고 잠궜을 때 생기는 비용을 커버하고, 기름이 떨어졌을 때 가져다 주는 등의 서비스를 제공합니다.

Would you like to add any of these?

이 중에 어떤 걸로 추가하시겠어요?

Customer 손님	**Hmm, I'll go with the Supplemental liability protection.** 음, 저는 Supplemental liability protection으로 할게요.
Employee 직원	**Good choice. Enjoy your trip.** 좋은 선택입니다. 즐거운 여행 되세요.

잠자리가 편안한 고급 호텔

힐튼 호텔은 1919년 설립 이후 100년이 넘는 역사를 자랑하는 글로벌 호텔 브랜드입니다. 세계 최초로 호텔 멤버십 프로그램을 도입한 것도 힐튼이며, 모바일 체크인과 디지털 키(앱으로 객실 문을 여는 서비스)를 가장 먼저 선보인 호텔이기도 합니다.

지금은 호텔의 기본처럼 여겨지는 스위트룸(suite)이라는 개념도 힐튼이 처음 도입했습니다. 참고로, 영어 단어 suite(스위트)는 suit(수트)와 스펠링이 비슷해 혼동하기 쉬운데요, 'e'가 들어가면 고급 객실, 빠지면 정장을 의미합니다. 또한 suite는 sweet(달콤한)와도 같은 발음이라 미국인들도 가끔 헷갈리곤 합니다. 물론 '달콤한 방'이라는 뜻은 아니니 주의하세요.

힐튼의 혁신은 여기서 그치지 않습니다. 호텔 업계 최초로 전 객실에 에어컨을 설치한 것도 힐튼이었습니다. 무더운 여름날, 에어컨 설치가 비용 문제로 어렵다는 직원의 말에 창업자 콘래드 힐튼(Conrad Hilton)은 로비뿐 아니라 모든 객실에 에어컨을 설치하라고 지시합니다. 고객의 편의를 최우선으로 생각했던 그의 철학은 힐튼을 전 세계 프리미엄 호텔 브랜드의 상징으로 자리매김하게 했습니다.

현재 힐튼은 총 22개의 호텔 브랜드를 보유하고 있으며, 대부분의 브랜드명에 'Hilton'이 포함되어 있어 계열사임을 쉽게 알 수 있습니다. 우리가 일반적으로 떠올리는 '힐튼 호텔'은 고급스럽고 신뢰할 수 있는 프리미엄 호텔로 분류되며, 여행객과 비즈니스 고객 모두에게 안정적인 선택지로 자리 잡고 있습니다.

단, 힐튼은 엄격한 의미의 '초럭셔리(hyper-luxury)' 브랜드는 아니며, 접근 가

능한 고급 서비스를 지향하죠.

힐튼 호텔의 멤버십과 주차비

힐튼 호텔은 무료 멤버십 프로그램인 '힐튼 아너스(Hilton Honors)'에 가입하면 다양한 혜택을 누릴 수 있어요. 체크인 후에는 문자 메시지로 프런트 데스크와 바로 소통할 수 있는데, 전화보다 간편하고 영어로 말하는 게 부담스러운 분들에게 유용해요.

욕실 어메니티(amenity)는 한국에서도 잘 알려진 크랩트리 앤 에블린(Crabtree & Evelyn) 제품으로 핸드크림으로 유명한 브랜드입니다. 힐튼에서

특히 만족스러운 부분은 잠자리인데요. '집보다 잘 잤다', '잠드는 순간 힐튼에 있음을 느낀다'라는 후기도 돌아다녀요.

힐튼 호텔에서 사용하는 침대는 고객이 아침에 최상의 컨디션으로 일어날 수 있도록 특별히 제작한 제품이에요. 전문 매트리스 업체와 함께 만들었는데, 고밀도 매트리스에 맞춤형 코일이 몸의 압력을 분산시켜 편안하다고 하죠. 또한 깃털과 오리털이 혼합된 Feather & Down 베개는 포근해서 온라인 쇼핑몰에서 판매될 만큼 인기가 많아요. 호텔 안에는 레스토랑과 바도 있어 외출하지 않아도 편하게 식사를 하거나 여유로운 시간을 보내기 좋아요.

호텔마다 시설이 조금씩 다르기 때문에, 구글 리뷰나 사진을 미리 확인해 보세요. 대부분 지점에는 수영장과 온수 욕조(hot tub)가 있고, 헬스장에는 사우나도 준비돼 있어요. 헬스장 기구도 매우 다양하고요.

미국 호텔 대부분은 체크인할 때 부대비용(incidental fee) 또는 보증금(security deposit)을 미리 결제하고 퇴실 시 환불해 줍니다. 미니바나 룸서비스 이용, 기물 파손에 대비한 예치금 성격이죠. 하나 더! 호텔 예약 시 주차비가 포함되어 있는지 꼭 확인하세요. 대도시에 위치한 호텔들은 주차비가 별도로 청구되는 경우가 많은데요. 방값만 보고 예약했다가 주차비 때문에 총 숙박비가 예상보다 높아지는 경우도 있어요. 렌터카를 이용하는 여행이라면 숙박비에 주차비까지 함께 체크하세요.

빠른 입실 문의하기

힐튼 호텔의 체크인 시간은 보통 오후 3시 또는 4시, 체크아웃은 오전 11시예요. 지점마다 조금씩 다를 수 있으니, 예약 전에 확인해 두세요.
여행을 하다 보면 생각보다 일찍 도착할 때도 있죠. 그럴 땐 데스크에 들러 미리 체크인이 가능한지 물어보세요. 객실 준비가 끝났다면 바로 입실할 수 있는 경우가 있어요. 빠른 입실을 문의하는 대화를 볼게요.

★★★★★   33.mp3

Employee	Good afternoon. How can I assist you?
직원	안녕하세요. 무엇을 도와 드릴까요?
Guest	I arrived a bit early. Is there any chance that I could check in ahead of time?
투숙객	조금 일찍 도착했는데요. 혹시 미리 체크인할 수 있을까요?
Employee	Let me check. Your ID and the credit card that you used to book the your room, please.
직원	확인해 볼게요. 신분증과 예약할 때 사용하신 카드 보여주세요.
Guest	Sure.
투숙객	네.
Employee	The room is ready. You can check in early.
직원	방이 준비됐어요. 일찍 체크인하셔도 됩니다.
Guest	Thank you so much.
투숙객	정말 감사합니다.
Employee	We have a $50 incidental fee.
직원	50달러의 인시덴탈 요금이 있어요.
Guest	What is an incidental fee?
투숙객	인시덴탈 요금이 뭔가요?
Employee	It's like a security deposit in case you use room service or other services, or if there are any damages to the room. If nothing happens, it will go back to your credit card.
직원	보증금 같은 건데요, 룸 서비스나 다른 서비스를 이용했을 경우, 혹은 객실에 파손이 생겼을 경우를 대비해서 받는 거예요. 별다른 문제가 없으면 나중에 결제하신 카드로 환불됩니다.
Guest	I see. Okay.
투숙객	그렇군요. 알겠습니다.

Employee	These are your keys. Anything else I can help you with?
직원	카드키 여기 있어요. 다른 도움이 필요하신 게 있나요?
Guest	I'm good. Thank you.
손님	괜찮아요. 감사합니다.

든든한 조식, 합리적인 가격의 실속형 호텔

홀리데이 인 익스프레스는 **IHG** 호텔 그룹이 운영하는 19개 브랜드 중 하나예요. 이름이 비슷한 '홀리데이 인(Holiday Inn)'과 혼동하기 쉬운데요, 특히 두 호텔이 같은 지역에 나란히 위치한 경우도 있는데 예약할 때 헷갈리지 마세요.

이 두 브랜드의 가장 큰 차이는 서비스 범위에 있습니다. 홀리데이 인은 식당, 바, 룸서비스, 헬스장, 회의실, 수영장, 코인 빨래방 등 다양한 부대시설을 갖춘 풀 서비스 호텔(full service hotel)입니다. 반면 홀리데이 인 익스프레스는 꼭 필요한 핵심 서비스만 제공하는 리미티드 서비스 호텔(limited service hotel)로 그만큼 숙박 요금이 합리적으로 책정되어 있죠.

한국에서는 홀리데이 인 익스프레스에서 '호캉스'를 즐겼다는 후기를 종종 볼 수 있지만, 미국에서는 다소 분위기가 다릅니다. 힐튼 같은 고급 호텔에 비해 부대시설이 제한적이기 때문이에요. 미국의 홀리데이 인 익스프레스는 온수 욕조나 사우나, 칵테일 바가 없는 경우가 대부분이고, 헬스장 역시 러닝머신, 일립티컬 머신, 덤벨, 짐볼 정도만 갖춘 간소한 형태입니다. 수영장은 규모가 작고 코인 세탁실이 함께 운영되는 경우가 많으며 객실에는 욕조 없이 샤워 부스만 설치된 경우도 흔합니다.

여행 도중 호텔에서 잠만 자고 대부분의 시간을 외부에서 보내는 분들에게는 좋은 선택이 될 수 있어요. 깔끔하고 기본에 충실하면서 합리적인 가격이니까요. 특히 출장객들에게 실속형 호텔로 많은 사랑을 받고 있습니다.

미국에서 좋은 숙소를 고르는 팁

미국에서 숙소를 고를 땐 구글 리뷰를 참고하면 좋아요. 물론 항상 깨끗하

고 좋은 호텔에서 묵을 수 있다면 좋겠지만, 여행 경비를 절약하다 보면 저가 호텔이나 모텔을 이용하게 될 때도 많죠. 그럴수록 리뷰를 꼼꼼히 살펴보는 게 중요해요.

구글 리뷰는 별점만 보지 말고, 사람들이 남긴 글을 읽어보세요. '예약하려 했는데 방이 없었다', '수영장이 작다' 같은 이유로 낮은 점수를 주는 사람들도 있거든요. 최근(Most recent) 순으로 정렬하면 지금 호텔 상태를 더 정확하게 알 수 있어요. 바퀴벌레나 빈대(bed bugs) 이야기가 나온 리뷰는 하나만 있어도 예약을 피하는 게 안전하죠.
홀리데이 인 익스프레스는 여러 지점의 구글 리뷰들이 전반적으로 괜찮은 편이에요. 시설은 간소하지만 깨끗하고 친절한 서비스에 만족도가 높아요. 궁금한 점이나 문제가 생기면 직원에게 물어보세요. 여행 중 불편한 숙박을 하면 너무 억울하잖아요. 영어가 좀 서툴러도 대부분 친절히 응대해주니까 걱정 마세요.

호텔이 번화가에 위치해 있다면 밤에도 창밖이 꽤 밝을 수 있는데요. 객실 커튼 구조가 복잡하게 되어 있는 경우 체크인하고 암막 커튼이 잘 닫히는지 미리 확인해 두면 좋습니다. 커튼이 잘 닫히지 않거나 방법을 모르겠다면 프런트에 물어보는 게 가장 빠르고 정확합니다.

홀리데이 인 익스프레스는 무료 조식이 잘 나오는 편입니다. 맛은 평이한 편이고 종류가 다양해서 고르는 재미가 있어요. 우유, 요거트, 크림치즈, 버터, 팬케이크, 시나몬 롤, 비스킷, 오트밀, 식빵, 베이글, 오믈렛, 스크램블에그, 소시지, 커피, 차, 핫초코, 과일까지 뷔페식으로 준비돼 있어서 입맛에 맞게 선택할 수 있어요. 한국 호텔 조식과 비교하면 조금 아쉬울 수도 있지만, 미국 기준으로는 괜찮은 편이에요.

미국은 외식비가 비싸기 때문에 호텔에서 제공하는 무료 조식은 꼭 챙겨 먹는 게 좋아요. 조식 시간은 지점마다 다를 수 있으니 전날 미리 확인해 두세요. 조식을 든든하게 먹으면 점심까지 배가 고프지 않아서 여행 경비를 아끼는 데도 도움이 될 거예요.

프런트 데스크에 도움 요청하기

핸드폰이 침대 뒤에 빠져 꺼낼 수 없는 상황을 프런트에 문의하는 대화를 볼게요. 그 외에도 투숙 기간에 방 안에서 문제가 생겼다면 주저 말고 프런트 데스크에 문의해 보세요.

★★★★★ 34.mp3

Guest
Hi. I dropped my cell phone behind the bed. But there is a big metal box under the bed, so I can't reach it. Can you help me?

투숙객
안녕하세요. 침대 뒤로 핸드폰을 떨어뜨렸는데, 침대 아래에 큰 금속 상자가 있어서 꺼낼 수가 없어요. 도와줄 수 있나요?

Employee
Oh no, I'm sorry to hear that. Unfortunately, our maintenance people are not here now. They work from 8am to 5pm They will be back tomorrow morning.

직원
아, 그런 일이 생겼다니 안타깝네요. 그런데 지금은 시설팀 직원이 없어요. 오전 8시부터 오후 5시까지 근무하거든요. 내일 아침에 다시 출근할 거예요.

Guest
Then can you come up and help me?

투숙객
그럼 당신이 올라와서 도와줄 수 있나요?

Employee
I'm sorry, I can't do that. We're not allowed to enter rooms while guests are staying.

직원
죄송하지만, 그건 어렵습니다. 손님이 계신 방에는 저희가 들어갈 수 없도록 되어 있어요.

Guest
Even if I say you can come in?

투숙객
제가 들어오라고 해도요?

Employee
No, ma'am. I'll be fired for that.

직원
안됩니다. 그러면 저 해고당해요.

Guest
Then what am I supposed to do?

투숙객
그럼 어떻게 해야 할까요?

Employee
Can you push the mattress a bit? You may be able to reach the phone that way.

직원
매트리스를 조금만 밀어 보시겠어요? 그러면 핸드폰에 닿을 수도 있을 것 같아요.

Guest
Let me try.

투숙객
해볼게요.

(매트리스를 밀어서 핸드폰을 꺼낸다)

Guest 투숙객	I got it. 꺼냈어요.	
Employee 직원	Great. If there are any maintenance issues, let us know, we will take care of it tomorrow morning. 다행이네요. 다른 시설 관련해서도 도움이 필요하시면 알려주세요. 내일 아침에 (시설팀 직원이 있을 때) 도와 드릴게요.	
Guest 투숙객	Okay. Thank you. 알겠습니다. 감사합니다.	

Supermarkets, Pharmacies & Shops

마트 | 월마트 | 타겟 | 트레이더 조
편의점 & 약국 | 세븐 일레븐 | 월그린스 | CVS
달러 스토어 | 달러 트리 | 파이브 빌로우

전 세계에서 가장 큰 최저가 마트 체인

월마트는 세계 최대 규모를 자랑하는 마트 체인으로, 미국 전역에 넓게 퍼진 유통망과 강력한 가격 협상력을 바탕으로 'Everyday Low Price(매일 저렴한 가격)'이라는 슬로건을 현실로 만들어 냅니다. 특별한 1+1 행사나 대규모 세일이 아닌 이상, 같은 제품이라면 월마트가 가장 저렴한 경우가 많아요.

대형 종합마트답게, 월마트에서는 식료품, 의류, 전자제품, 자동차 용품, 안경, 심지어 총기류까지, 일상에 필요한 거의 모든 품목을 한 번에 구매할 수 있습니다. 한국 제품도 꽤 자주 눈에 띄는데요, 신라면, 햇반, 불닭볶음면 같은 인기 식품은 물론이고, 마스크팩, 삼성·LG 가전제품, 케이팝 음반 등도 만나볼 수 있어요.

즉석식품 코너에는 샌드위치, 수프, 샐러드 등 간편식이 잘 마련돼 있고,

가격 대비 맛도 괜찮은 편입니다. 특히 추천하고 싶은 건 '로티서리 치킨(rotisserie chicken)'과 '플랫브레드(flatbread)'입니다. 플랫브레드는 피자처럼 치즈와 토핑이 올라가지만, 일반적으로 직사각형 모양에 더 다양한 종류의 재료를 사용하는 것이 특징입니다. 미국 식당에서도 자주 볼 수 있는 인기 메뉴죠.

주류 판매는 주마다 법이 달라서, 월마트 매장 옆에 주류 전문점(liquor store)이 따로 있는 경우가 있습니다. 예를 들어 플로리다주는 마트에서 와인과 맥주만 팔고, 위스키나 보드카 같은 양주는 주류점에서만 살 수 있어요. 반면 오하이오주는 와인, 맥주, 양주를 모두 마트에서 살 수 있어요. 월마트 주류점은 규모는 작지만 가격이 저렴해서 일단 들러 보고 원하는 술이 없을 땐 다른 곳을 찾아가 보기를 추천해요.

매장 규모가 워낙 크다 보니, 원하는 상품을 찾기 어려울 때가 종종 있어요. 직원에게 물어보면 친절하게 안내해 주지만, 주변에 직원이 보이지 않을 땐 스마트폰이 유용한 도우미가 됩니다. 월마트 공식 웹사이트나 앱에서 제품을 검색하고 매장을 지정하면, 해당 상품이 어느 통로(aisle)에 있는지 바로 확인할 수 있어요. 월마트에서는 진열대가 숫자로 구분되어 있어, 통로 번호만 알아도 원하는 물건을 빠르게 찾을 수 있습니다.

또한 월마트 앱에서는 온라인 주문도 가능해요. 배달 또는 픽업 중에 선택할 수 있는데, 배달은 팁을 줘야 해요. 픽업은 원하는 물건을 앱에서 주문하고, 픽업 전용 주차장에 도착해 앱에서 체크인하면 직원이 물건을 트렁크에 실어줘요. 매장 안에 들어가지 않아도 돼서 편리합니다.

월마트 앱이나 웹사이트를 통해 장을 보면 편리하긴 하지만, 신선식품은 직접 보고 고르는 게 가장 안전해요. 월마트의 자체 브랜드 고기는 가격은 저렴하지만 품질은 기대에 못 미치는 경우가 있고, 채소나 과일은 멍들어 있거나, 캔 제품은 찌그러진 채 배송되는 경우도 있어요. 이런 경우엔 고객센터에 연락하면 환불을 받을 수 있으니 걱정 마세요.

월마트에 출몰하는 '월마션(Walmartian)'?

가끔은 매장에 들어가기 망설여질 때도 있어요. 예상치 못한 상황이나 다소 기이한 사람들을 마주칠 수 있기 때문이죠. 미국에서는 이들을 '월마션(Walmartian)'이라고 불러요. 월마트(Walmart)+화성인(Martian)의 합성어로, 독특한 복장이나 이상한 행동으로 눈길을 끄는 사람들을 말합니다. 실제로 구글에 'Walmartian'을 검색해 보면 놀라운 사진들이 쏟아져 나와요.

어느 날은 화장실에 있는데 누군가 계속 문을 흔들더니, 결국 문이 열려버린 적도 있었고요. 주차장에서 조심스럽게 차를 빼는데 갑자기 뒤에서 어떤 차가 레이스 하듯이 쌩 지나가서 사고가 날 뻔한 적도 있어요. 정말 아찔했답니다. 월마트에선 정말 무슨 일이든 일어날 수 있다는 말이 괜히 나온 게 아니에요.

특히 저소득 지역의 월마트일수록 이런 '월마션' 출몰 확률이 높고, 매장 분위기 자체도 더 수상하게 느껴집니다. 어떤 매장은 조용하고 깔끔한 반면, 또 다른 곳은 입구에서 직원이 카트와 영수증을 일일이 확인할 정도로 도난 관리에 신경을 써요. 월마트는 미국 유통업계에서 도난으로 인한 손실이 가장 큰 브랜드 중 하나예요. 심지어 계산도 안 한 음식을 뜯어먹고 선반에 놓고 가는 사람도 있습니다.

그래서 화장실은 항상 계산대 바깥에 위치해 있고, 도난 우려가 큰 제품은 유리 진열장 안에 놓고 자물쇠로 잠궈두는 경우도 많아요.

하자가 있는 물품 반품하기

월마트는 총기를 제외한 대부분의 상품은 영수증만 있으면 바로 환불 가능하고, 영수증이 없어도 공산품의 경우 기프트 카드로 환불받을 수 있어요. 구입한 지점이 아니더라도 전국 어디서든 반품 가능한 것도 장점이죠. 환불에 관대한 편입니다. 단, 고액 제품 환불을 원하거나 영수증이 없을 때는 신분증 확인이 필요한데요, 여권은 신분증으로 인정되지 않으니 유의하세요. 케이블을 환불하는 대화를 볼게요.

★★★★★

Customer 손님	Hi I'd like to return these charging cables. 안녕하세요. 이 충전 케이블을 반품하고 싶어요.
Employee 점원	Is there anything wrong with them? 어떤 문제가 있었나요?
Customer 손님	Yes. I got them yesterday, but they're not working. 네. 어제 샀는데 충전이 안 되네요.
Employee 점원	I'm sorry to hear that. Do you have your receipt with you? 안타깝네요. 영수증 가지고 계신가요?
Customer 손님	Yes, I have it right here. 네. 여기 있어요.
Employee 점원	Would you like a refund or exchange? 환불과 교환 중 어떤 걸로 해드릴까요?
Customer 손님	I want a refund. 환불해 주세요.
Employee 점원	No problem. Cash or back to your credit card? 알겠습니다. 현금으로 드릴까요, 카드로 환불해 드릴까요? (체크 카드로 결제했을 경우만 현금으로 환불 가능. 신용 카드는 현금 환불 불가)
Customer 손님	Cash, please. 현금으로요.
Employee 점원	Here you go. Sorry about the inconvenience. 여기 있습니다. 불편을 드려 죄송합니다.
Customer 손님	It's alright. Thank you for helping me. 괜찮아요. 도와주셔서 감사합니다.

다양한 자체 브랜드와 쾌적한 쇼핑 환경

월마트가 '최저가 쇼핑'의 대표주자라면, 타겟은 조금 더 비용을 들이더라도 쾌적하고 감각적인 분위기에서 쇼핑하고 싶은 사람들이 찾는 마트입니다. 평균적인 월마트 매장이 다소 어둡고 혼잡한 느낌이 들 때가 많은 반면, 타겟은 밝고 정돈된 인테리어로 쾌적한 쇼핑 경험을 제공합니다.

타겟의 상징은 빨간색 과녁 로고예요. 매장 곳곳에서 강렬한 시각적 포인트로 눈에 띄며, 매장 입구에는 커다란 빨간 공 모양 조형물이 일정 간격으로 놓여 있습니다. 이 구조물은 단순한 장식이 아니라, 차량 돌진이나 약탈 상황에서 매장을 보호하는 보안 장치로도 활용되죠. 실제로 미국에서는 시위나 폭동이 격화될 경우 상점 약탈이 일어나는 사례가 있기 때문에 이런 장치가 마련되어 있어요.

타겟은 생활용품, 의류, 소형 가전, 장난감, 식료품 등 다양한 품목을 한곳에서 쇼핑할 수 있는 종합 마트입니다. 대부분의 매장에는 스타벅스와 화장품 전문 브랜드 '얼타 뷰티(Ulta Beauty)'가 함께 입점해 있어, 커피 한 잔과 뷰티 쇼핑을 동시에 즐길 수 있어요. 얼타 뷰티는 독립 매장보다는 작지만, 인기 브랜드 제품을 다양하게 갖추고 있어 편리합니다.

타겟의 강점 중 하나는 자체 브랜드의 다양성과 가성비입니다. **Good & Gather, Market Pantry, Favorite Day** 등 45개가 넘는 **PB**(Product Brand) 라인업은 감각적인 디자인과 합리적인 가격 덕분에 현지 소비자들에게 큰 인기를 끌고 있어요. 식료품 종류는 월마트보다 적지만, 잘 고르면 보석 같은 상품을 발견하는 재미가 있죠.

친근한 이미지로 다가가는 브랜드

타겟은 미국에서 '타줴이(Tarjay)'라는 귀여운 별명으로도 불리는데요. 스펠링 끝이 '-et'로 끝나 프랑스어처럼 보이기 때문이에요. 발음을 장난스럽게 불어식으로 바꾸어 부르면서, 실제로 고급스럽지는 않을 지라도 유쾌한 느낌을 더한 셈이죠. 2024년 기준, 타겟의 해외 진출은 캐나다와 인도에 한정돼 있습니다. 참고로 호주에도 '타겟(Target)'이라는 이름의 할인 매장이 있지만, 이는 미국 타겟과는 전혀 무관한 별도의 회사예요. 콘셉트는 유사하지만 브랜드 자체는 다릅니다.

그리고 타겟의 상징 중 하나, 잊을 수 없는 마스코트가 있죠. 바로 불 테리어 강아지 '불스아이(Bullseye)'입니다. 불스아이는 과녁의 중심을 뜻하는 단어이자, 타겟의 로고에서 따온 이름이에요. 강아지의 왼쪽 눈에는 빨간색 이중 원 타겟 로고가 그려져 있는데, 식물성 무독성 잉크를 사용해 쉽게 지울 수 있도록 배려한다고 해요. 불스아이가 무리하지 않도록 행사에는 매번 같은 강아지가 아니라, 여러 마리가 교대로 출연합니다. 퍼스트 클래스 항공편을 타고 이동하거나, 레드카펫에 서는 불스아이의 모습은 유쾌한 마케팅 아이콘으로 자리 잡았습니다.

여행용 사이즈 제품 구입하기

여행 중 필요한 물건이 생기면 가까운 편의점도 좋지만, 시간이 된다면 타겟처럼 다양한 제품을 갖춘 대형 마트를 들러보는 것도 추천해요. 가격도 더 합리적이고, 선택의 폭도 훨씬 넓거든요. 여행 용품이 어디있는지 물어보는 대화를 볼게요.

★★★★★

Customer / 손님
Hi. I'm traveling, and I need to pick up a few things. Can you help me find travel-sized items?
안녕하세요. 여행 중인데요, 몇 가지 물건이 필요해요. 여행용 사이즈 제품 찾는 걸 도와주실 수 있나요?

Employee / 점원
Of course. They're in Aisle 7.
그럼요. 7번 통로에 있어요. (가게마다 위치 다를 수 있음)

Customer / 손님
Uh, I'm not sure where Aisle 7 is.
음, 7번 통로가 어디 있는지 잘 모르겠어요.

Employee / 점원
No problem. You can follow me.
괜찮아요. 저를 따라오세요.

(7번 통로 도착)

Employee / 점원
We've got everything from toothpaste to moisturizer. Is there anything specific you're looking for?
치약부터 보습제까지 다 있어요. 특별히 찾으시는 게 있나요?

Customer / 손님
Yeah. A few things here and there. Oh, I also need a small travel bag.
네. 이것저것 여러가지요. 아, 작은 여행용 가방도 필요해요.

Employee / 점원
You can find them in Aisle 15. Do you need me to guide you there?
그건 15번 통로에 있어요. 같이 가드릴까요?

Customer / 손님
I can figure it out from here.
여기서부터는 혼자 갈 수 있어요.

Employee / 점원
Great. Anything else you need?
좋아요. 또 필요한 건 없나요?

Customer / 손님
I'm good. Thank you.
괜찮아요. 감사합니다.

K-푸드에 진심인 미국 마트

트레이더 조는 미국에서 가장 매력적인 마트 중 하나로 꼽힙니다. 월마트 같은 대형마트와는 분위기부터 사뭇 달라요. 판매 제품은 인공 색소나 방부제 등 유해한 첨가물을 배제하고, 건강한 원재료 위주로 구성되어 있습니다. 비건이나 채식주의자를 위한 상품도 다양해 '건강한 마트'라는 이미지가 강하죠. 그래서인지 매장에는 요가 팬츠를 입은 운동 마니아들도 자주 보입니다.

트레이더 조는 주로 대도시의 중상류층 거주 지역에 자리 잡고 있어, 월마트나 타겟보다 접근성이 떨어져요. 매장 크기 자체가 작고 주차 공간도 넉넉하지 않아 주말이나 피크타임에는 주차난을 겪을 수 있습니다. 특히 주말과 월요일은 매장이 붐비는 날이라 좋은 제품이 조기 품절되는 경우가 많으니, 가능하면 오전 일찍 방문하는 걸 추천해요.

이곳에서 판매되는 상품의 약 80~85%는 자체 브랜드 제품입니다. 대부분 트레이더 조가 직접 개발하거나 독점 계약을 맺어 유통 마진을 줄이고 가격 경쟁력을 확보했죠. 품질 좋고 개성 있는 상품을 합리적인 가격에 만날 수 있어, 마니아층의 충성도가 매우 높은 브랜드입니다.

트레이더 조는 매주 새로운 상품이 출시되고, 시즌 한정 제품도 자주 등장해 늘 새로운 즐거움을 주는 곳입니다. '다음에 오면 없을지도 몰라'라는 생각에 어느새 충동구매를 하게 되기도 하죠. 그래도 이곳 제품은 대충 골라도 맛이나 품질에서 실망하는 일이 드물어요.

쇼핑 전 'Trader Joe's must-have' 또는 'Trader Joe's must-buy' 같은 키워드로 구글에 검색해 보세요. 블로그나 유튜브에 인기 상품 추천 리스트가 다양하게 정리되어 있어, 실패 없는 쇼핑에 도움이 됩니다. 여기서 must-have, must-buy는 '꼭 사야 할 것'이라는 뜻이에요.

트레이더 조는 온라인 주문이 불가능하고, 매장이 많지 않아 일부 인기 제품은 '리셀러(reseller)'들이 매장에서 구입해 온라인에서 더 비싼 가격에 되파는 경우도 있어요. 물론 소비자 입장에선 아쉽지만, 그만큼 제품의 인기를 보여주는 방증이기도 하죠.

냉동 김밥 열풍의 시초

트레이더 조의 냉장·냉동식품 코너는 매장 내에서도 가장 인기가 많은 구역 중 하나입니다. 전자레인지에 바로 데워 먹는 간편식부터, 품질 좋은 냉동 식품까지 종류가 무척 다양해요. '그냥 구경만 하자'고 들어갔다가도, 하나둘 담다 보면 어느새 장바구니가 묵직해집니다. 특히 한국 음식에 익숙한 분들이라면, 김밥, 불고기, 떡볶이 같은 메뉴에서 반가움을 느낄 수 있을 거예요.

여행 중 주방이 있는 숙소에 머물고 있고, 트레이더 조가 멀지 않다면 여기서 장을 보는 것을 추천합니다. 외식도 물론 즐겁지만, 미국은 외식 물가가 높아 매 끼니를 사 먹기엔 부담이 크죠. 트레이더 조의 간편식을 활용하면,

맛있고 저렴하게 한 끼를 해결할 수 있어요.

물론 월마트 같은 대형 마트에서도 다양한 즉석 조리 식품을 구입할 수 있지만, 지나치게 짜거나 한국인의 입맛에 맞지 않는 경우도 많아 복불복이 되기 쉽습니다. 반면 트레이더 조의 제품은 전반적으로 퀄리티가 괜찮아서 가성비가 좋아요. 특히 냉동 한식 메뉴는 여행 중 그리운 한 끼를 만족스럽게 채워줄 수 있습니다. 불고기, 파전, 떡볶이, 호떡 등 친숙한 메뉴들이 'Made in Korea' 표시와 함께 진열돼 있어 믿고 선택할 수 있죠.

트레이더 조는 미국 전역에 냉동 김밥 열풍을 일으킨 장본인이기도 해요. 출시 직후 품절 대란이 일어났고, 일시적으로 1인당 구매 수량을 제한할 정도로 큰 인기를 끌었습니다. 직접 먹어보면 "이 정도로 열광할 맛인가?" 싶을 수 있지만, 채소가 듬뿍 들어간 구성에 3.99달러(약 5,600원)라는 미국 기준으로는 착한 가격 덕분에 가성비 좋은 건강식으로 주목받았어요. 미국 내 한식당에서 김밥 한 줄을 사려면 보통 10~15달러(약 14,000~20,000원) 정도가 드니 가격 메리트는 확실하죠. 무엇보다 전자레인지에 간편하게 데우기만 하면 되니, 한식을 그리워하는 여행자들에게 매력적인 선택지입니다.

영수증에 계산이 잘못되어 있을 때

미국 여행 중에는 식당이든 마트든 계산 실수를 대비해 영수증을 꼭 받아 꼼꼼히 확인하는 것이 좋습니다. 맥주 한 병을 샀는데, 한 팩 가격으로 잘못 계산된 적도 있었죠. 이런 상황에서는 당황하지 말고 차분하게 얘기하면 대부분 잘 처리해줍니다. 계산이 잘못 되었을 때 바로잡는 대화를 볼게요.

★★★★★

Customer 손님	Hi. There is a mistake with my receipt. 안녕하세요. 영수증에 잘못된 부분이 있어요.
Employee 점원	Oh no, I'm sorry about that! Let me take a look at it. 아, 죄송합니다. 제가 살펴볼게요.
Customer 손님	I bought a single beer, but I was charged for a whole pack. 맥주 하나를 샀는데 한 팩 가격으로 계산됐더라고요.
Employee 점원	I apologize for the mix-up! I'll fix it for you. 혼란을 드려 죄송합니다. 처리해 드릴게요.
Customer 손님	Okay. 네.
Employee 점원	I'll give you a refund for the whole pack. And you can keep the single beer. 한 팩 가격을 환불해 드리고, 맥주는 그냥 가져가세요.
Customer 손님	Oh, thank you. 아, 감사합니다.
Employee 점원	My pleasure. It can take up to 7 business days to go back to your card. 별말씀을요. 카드로 환불되기까지 영업일 기준 최대 7일 정도 걸릴 수 있어요.
Customer 손님	Alright. Have a good day. 알겠습니다. 좋은 하루 되세요.
Employee 점원	You too. Bye. 손님도요. 안녕히 가세요.

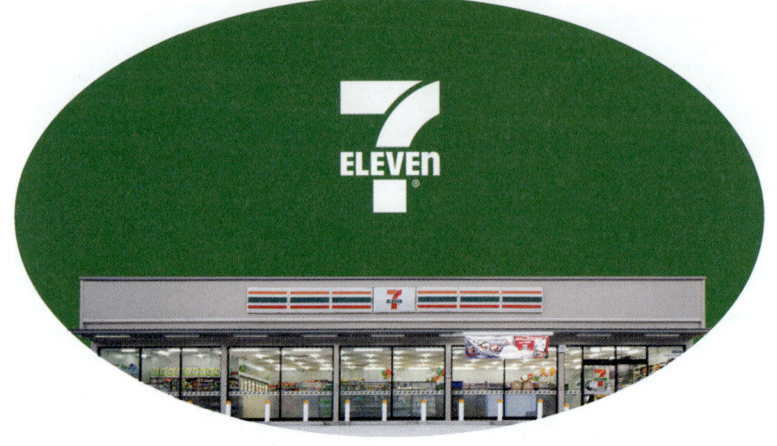

전 세계 매장 수 1위 편의점

세븐일레븐이라고 하면 어떤 이미지가 떠오르나요? 한국에서는 간식이나 도시락을 사러 부담 없이 들르는 편의점을 먼저 떠올릴 거예요. 하지만 미국의 세븐일레븐은 조금 다릅니다. 주로 주유소, 슬러피(Slurpee, 탄산이 섞인 스무디 비슷한 질감의 음료), 즉석식품이 먼저 연상돼요. 세븐일레븐은 현지화를 잘하는 브랜드로 국가마다 매장의 분위기와 판매 품목이 많이 다르기 때문이죠.

세븐일레븐은 원래 미국 브랜드였지만 현재는 일본 기업인 세븐&아이 홀딩스가 소유하고 있습니다. 1927년 미국 텍사스의 한 얼음 회사가 우유, 달걀, 빵 등의 생활 편의 제품을 팔면서 'Tote'm Store'(Tote them '그것들/물건을 들다'라는 표현의 줄임말)라는 별명이 붙었습니다. 아침 7시부터 밤 11시까지 영업했기 때문에 'Seven-Eleven'으로 이름을 바꾸었고, 이후 미국 최초의 24시간 편의점으로도 이름을 알렸습니다.

1974년 일본의 유통기업이 라이선스를 인수해 일본에서 1호점을 열었는데 이후 크게 번창하면서 2005년 세븐일레븐 미국 본사를 완전히 인수했어요. 결국 시초는 미국이지만 일본이 운영하고 키운 글로벌 기업이죠. 오늘날 세븐일레븐은 전 세계 19개국에서 8만 개 이상의 매장을 운영하고 있는데요. 맥도날드의 약 4만 개 매장 수를 두 배 이상 웃도는 규모로, 글로벌 편의점 업계에서 압도적인 존재감을 보여줍니다.

실제로 미국에서는 차로 10분 거리마다 하나쯤은 있을 정도로 흔한 브랜드이기도 하죠.

세븐 일레븐에서 마셔 봐야 할 음료

세븐일레븐은 단순한 편의점 브랜드가 아닙니다. 세계 최초로 테이크아웃 커피를 판매한 편의점이자, 매장 내 ATM을 도입하고 주유소와 결합된 형태의 편의점을 선보인 곳이기도 해요. 지금은 미국 전역에서 흔히 볼 수 있는 편의점 서비스들이 세븐일레븐에서 시작된 것이라고 해도 과언이 아니죠.

미국에서는 세븐일레븐이나 서클 케이(Circle K) 같은 브랜드 편의점 옆에 주유소가 함께 운영되는 경우가 많습니다. 덕분에 여행 중 잠깐 들러 기름을 넣고, 화장실을 이용하거나 간단한 식사까지 해결할 수 있어요.

미국 대부분의 주유소는 셀프 주유 방식이고, 일반 휘발유는 87번을 선택하면 됩니다. 참고로 미국에서는 자동차 연료를 오일(oil)이 아닌 가스(gas)라고 부르기 때문에, 운전 중 기름이 떨어졌을 때는 네비게이션이나 구글맵에서 'gas station'을 검색하면 돼요.

세븐일레븐에서는 커피, 도넛, 샌드위치 같은 간편식을 구매할 수 있어요. 한국 편의점에 비해 다소 아쉬운 퀄리티로 큰 기대는 마세요. 신라면이나 육개장 같은 한국 컵라면도 있지만 라면용 뜨거운 물은 제공되지 않으며 매장 내 식사 공간도 따로 없어 아쉽죠.

세븐일레븐의 대표 상품은 슬러피입니다. 슬러시와 비슷하지만 훨씬 부드럽고, 탄산이 더해져 청량하고 무더운 날 갈증을 날려주는데 제격이에요. 참고로 슬러피는 세븐일레븐이 독점 라이선스를 보유한 이름이고, 같은 종류의 음료를 다른 편의점에서는 '아이시(Icee)'라는 이름으로 판매합니다.

미국 편의점 음료의 크기도 인상적인데, 대표적인 예가 세븐일레븐에서 탄생한 빅 걸프(Big Gulp)예요. 무려 32온스(약 946ml)의 대용량 탄산음료입니다. 'Gulp'는 '꿀꺽 마시다'라는 뜻으로 이름 그대로 꿀꺽꿀꺽 마음껏 마실 수 있는 음료죠. 1976년 처음 출시된 이후 지금까지도 꾸준한 인기를 누리고 있어요.

참고로 슬러피나 빅 걸프처럼 차가운 음료를 너무 빨리 마시면 순간적으로 머리가 띵해지는 현상을 겪을 수 있는데 영어로 '브레인 프리즈(brain freeze)'라고 불러요. 한국어로는 '뇌 동결'로 번역되기도 하는데, 이름만 무시무시할 뿐 실제로 뇌에 손상이 가는 건 아니니 걱정하실 필요는 없어요.

세븐 일레븐에서 인기 메뉴 추천받기

세븐일레븐에서 직원에게 가장 인기 있는 먹거리를 추천해 달라는 대화를 볼게요. 여행 중 무엇을 먹을지 고민될 때는 현지인이 자주 찾는 메뉴를 추천받는 것도 좋은 방법입니다.

★★★★★

Customer	Hi. Would you mind recommending something to eat?
손님	안녕하세요. 먹을 거리 좀 추천해 주시겠어요?
Employee	Sure, I can do that.
점원	당연하죠. 도와드릴게요.
Customer	Great. Thanks. What are the most popular food items here?
손님	좋아요. 여기서 제일 잘나가는 게 뭔가요?
Employee	Slurpees, hot dogs, pizza, donuts, we have many options.
점원	슬러피, 핫도그, 피자, 도넛 등, 다양한 선택지가 있어요.
Customer	What is a Slurpee?
손님	슬러피가 뭔가요?
Employee	It's a frozen carbonated beverage. It's very popular.
점원	탄산이 들어간 슬러시예요. 인기가 많답니다.
Customer	Oh, it sounds interesting. I'll try a Slurpee and a hot dog.
손님	흥미롭네요. 슬러피와 핫도그를 먹어 볼게요.
Employee	Good choice. You can get a bun, a hot dog and whatever toppings you want from over there. The Slurpee machine is around the corner.
점원	좋은 선택이에요. 저기서 빵이랑 핫도그 소시지, 원하는 토핑을 고를 수 있어요. 슬러피 기계는 코너를 돌면 있어요.(슬러피는 직접 기계에서 컵에 따라 계산 후 마시는 셀프 방식)
Customer	Thank you.
손님	감사합니다.
Employee	My pleasure. You can bring them to me whenever you're ready. I'll ring you up.
점원	제 일인 걸요. 준비가 되면 가져오세요. 계산 도와드릴게요.

미국의 약국은 한국과는 사뭇 다릅니다. 한국에서는 주로 약과 건강 관련 제품만 판매하지만, 미국의 약국은 화장품, 식품, 생활용품까지 폭넓게 취급하죠. 로레알, 메이블린처럼 익숙한 브랜드는 물론, Wet n Wild, e.l.f. cosmetics 같은 가성비 좋은 브랜드까지 다양하게 갖춰져 있어 쇼핑하는 재미도 쏠쏠해요.

월그린스는 또다른 약국 브랜드 라이트 에이드(Rite Aid)를 인수하면서 2025년 기준 미국 내에 약 8,000개정도의 매장을 가지고 있어요. 미국 인구의 약 78%는 월그린스 또는 라이트 에이드 매장 반경 8km 이내에 거주하고 있다고 해요. 그만큼 쉽게 접근할 수 있는 생활 밀착형 매장이죠.
미국에서는 병원에서 처방전을 받으면 아무 약국이나 가는 것이 아니라, 의료보험사에서 지정한 약국으로 가야 합니다. 월그린스가 지정 약국이면 가까운 곳에서 찾기 쉬우니 편리하죠.

월그린스에서는 신선식품이나 조리식품을 제외하고 웬만한 편의점 상품은 거의 다 구할 수 있어요. 심지어 여권사진 촬영, 사진 인화, 백신 접종까지 가능하죠. 급하게 여권사진을 찍으러 갔을 때 직원이 사진 촬영에 익숙하지 않다면 인근에 있는 경쟁사 CVS로 가도 괜찮아요. 보통 두 매장은 멀지 않은 거리에 위치해 있으니까요. 참고로 여권사진 촬영 팁은 다음 장인 'CVS 편'에서 자세히 소개할게요.

여행 중 급하게 약이 필요할 때

여행 중 갑자기 아플 때 병원 갈 정도가 아니라면 월그린스의 약국(Pharmacy) 코너를 찾아가면 됩니다. 단 약국 운영 시간은 매장 영업 시간보

다 짧기 때문에 방문 전 확인하는 것이 좋아요. 약국은 대부분 오후 5~6시면 문을 닫고, 약사는 영업시간에만 상주하므로 약 추천이 필요할 경우 꼭 시간을 맞춰야 합니다. 참고로 처방전 없이 구매 가능한 일반 의약품은 '오버 더 카운터(over-the-counter)', 줄여서 'OTC medicine'이라고 부릅니다.

미국에서는 의약품 전문 브랜드 가격이 꽤 비싼 편입니다. 이럴 때는 월그린스 자체 브랜드 제품을 활용해 보세요. 예를 들어 타이레놀이 필요하다면, 진통·해열 성분인 아세트아미노펜(acetaminophen)이 들어 있는 월그린스 제품을 고르면 같은 효과를 누리면서 훨씬 저렴하게 살 수 있어요. 월그린스 브랜드 제품은 상자에 'Walgreens' 로고가 큼직하게 표시되어 있고, 'Compare to the active ingredient in Tylenol(타이레놀과 동일한 유효 성분)'

이라는 안내 문구도 함께 적혀 있어 쉽게 찾을 수 있어요.

미국은 드라이브스루의 나라답게 약국도 드라이브스루 서비스를 제공해요. 하지만 약이 바로 나오지는 않고 보통 10분 이상은 기다려야 해요. 경우에 따라 30분에서 1시간 이상 걸리는 경우도 있죠. 몸이 불편하지 않다면 매장 안에서 필요한 제품을 둘러보며 기다리는 것이 훨씬 효율적이에요.

미국의 영양제 시장은 규모가 크고 경쟁이 치열해 품질 좋은 제품을 비교적 합리적인 가격에 구입할 수 있어요. 월그린스에서는 1+1 할인 행사를 자주 진행해서 부모님, 가족 선물용으로 사기 좋습니다. 한국 입국 시 영양제는 인당 6병까지만 반입 가능하기 때문에 용량이 큰 제품을 선택하는 것이 유리해요.

한국 반입 금지 성분이 들어 있는 제품은 공항에서 압수될 수 있으니 성분을 반드시 확인하세요. 대표적인 예가 수면 보조제로 판매되는 멜라토닌인데, 미국에서는 일반의약품이지만 한국에서는 전문의약품으로 분류돼 처방전 없이 구매하거나 반입하는 것이 불가능합니다.

약사에게 약 추천받기

여행 중 감기에 걸린 것 같다면 월그린스에 가보세요. 증상을 설명하고 약을 추천받는 대화를 볼게요.

Customer	Hi, I've been having some symptoms and I'm not sure what to get.
손님	안녕하세요. 여러가지 증상이 좀 있는데 뭘 사야 할지 모르겠어요.
Pharmacist	What kind of symptoms are you having?
약사	어떤 증상을 겪고 있나요?
Customer	I'm coughing a lot, feeling congested and have a sore throat.
손님	기침이 많이 나고, 코가 막혀요. 목도 아프고요.
Pharmacist	It sounds like you have a cold. For the sore throat, I'd recommend cough drops like Halls or Ricola. DayQuil or NyQuil can help with cough, congestion, and other cold symptoms.
약사	감기에 걸린 것 같네요. 목이 아플 때는 호올스나 리콜라 목캔디가 좋아요. 기침이나 코막힘 같은 감기 증상엔 데이퀼이나 나이퀼이 도움이 될 거예요.
Customer	I'm not familiar with those. Can you show me where they are?
손님	어떤 제품인지 잘 모르겠어요. 어디에 있는지 알려주실 수 있나요?
Pharmacist	Of course. Follow me.
약사	당연하죠. 따라오세요.
	(제품 진열대로 안내한다)
Customer	I see them.
손님	제품이 보이네요.
Pharmacist	DayQuil is for daytime use and NyQuil is for nighttime. If your symptoms persist for more than a week or get worse, it might be a good idea to see a doctor.
약사	데이퀼은 낮에, 나이퀼은 밤에 드세요. 증상이 일주일 이상 지속되거나 악화되면 병원에 가보는 게 좋을 것 같습니다.

Customer	Okay. Thank you so much for your help!
손님	알겠어요. 도와주셔서 정말 감사해요!
Pharmacist	You're welcome! If you have any other questions, don't hesitate to ask.
약사	천만에요. 궁금한 것 있으면 언제든지 물어보세요.

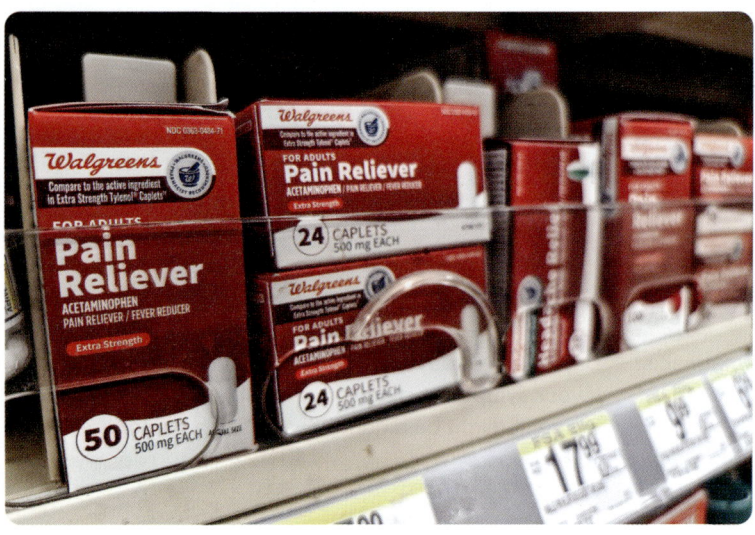

약국의 탈을 쓴 만능 마켓

월그린스와 CVS는 미국에서 가장 대표적인 약국 체인으로, 서로 치열한 경쟁 관계에 있어요. 두 매장이 길 하나를 사이에 두고 마주 보고 있는 것도 흔할 정도로 가까운 거리에 함께 입점해 있는 경우가 많죠.

미국 도로는 좌회전보다 우회전이 훨씬 수월한 구조로 되어 있기 때문에, 운전 중이라면 두 매장 중 도로 오른쪽에 있는 곳으로 들어가는 것이 훨씬 편리해요. 두 브랜드 모두 취급하는 상품이 비슷하기 때문에, 접근성에 따라 선택해도 큰 무리가 없어요. 단, 의료보험 플랜에서 지정한 약국이 있는 경우에는 반드시 해당 약국을 이용해야 합니다.

2025년 기준, CVS는 미국 전역에 약 9,000개 매장을 운영 중이며, 여행 중에도 자주 마주칠 수밖에 없는 브랜드인데요. CVS의 약국 운영 방식은 월그린스와 매우 유사하며, 자체 브랜드 제품은 빨간색 CVS 로고가 큼직하게 적혀 있어 쉽게 찾을 수 있습니다.

이들 체인 약국에서는 일반 의약품뿐 아니라 다음과 같은 다양한 서비스를 제공해요.

- 처방전 약 수령 및 드라이브스루 픽업
- 화장품 및 생활용품 판매
- 여권사진 촬영 및 사진 인화
- 백신 접종 서비스 (독감, 코로나 등)

신선식품이나 조리된 음식류를 제외하면, 일반 편의점에서 구할 수 있는 대부분의 제품이 이곳에서도 마련되어 있어요.

월그린스가 편의점 확장판 같다면, CVS는 마트 축소판 같은 느낌을 주는데요. 아이스박스(미국에서는 cooler라 불림)나 접이식 의자 같은 야외활동 용품, 꽃다발처럼 일상적인 선물용 상품까지 갖춰져 있기 때문이죠.

각종 비상 상황에는 CVS로
여행 중 갑자기 몸이 안 좋거나 화장실이 급할 때, CVS나 월그린스 같은

약국 겸 편의점은 큰 도움이 됩니다. 대부분의 매장에서 무료로 화장실을 이용할 수 있는데, 특히 깨끗하고 치안이 좋은 지역의 매장은 화장실도 잘 관리된 편입니다. 반면, 도심 외곽이나 분위기가 좋지 않은 지역의 매장은 화장실 상태가 열악하거나 잠겨 있는 경우도 있으니 참고하세요. 직원에게 요청해야만 문을 열어주는 곳도 있으며, 간혹 이용 자체가 제한되기도 합니다. 이용 후에는 작은 생수나 간식 정도라도 구입하는 것이 예의입니다.

미국의 낯선 음식 때문에 체했을 때는 약국 먼저 찾으세요. 약사에게 체한 느낌을 설명하면 보통 텀스(Tums)라는 제산제를 추천해 주는데 효과가 강하진 않아요. 아시안 마트가 근처에 있다면 가스활명수를 마셔도 좋고요. 그렇지 않다면 텀스보단 알카 셀처(Alka-Seltzer)를 추천해요. 물 약 120ml(4oz)에 두 알을 넣으면 보글보글 거품이 나는데, 마시면 속이 훨씬 편안해져요. 제품에 따라 감기용, 숙취용 등 여러 버전이 있으니 잘 모르겠다면 약사에게 증상을 설명 후 추천을 받으세요. 참고로 숙취는 영어로 hangover라고 합니다.

감기 증상에는 테라플루(Theraflu), 낮에 먹는 감기약인 데이퀼(DayQuil), 밤에 먹는 나이퀼(NyQuil)이 유명하고 진통제는 애드빌(Advil)이나 타이레놀(Tylenol)이 대표적입니다.

또한 여행 중 여권을 분실하거나 증명사진이 필요할 때도 CVS나 월그린스를 찾으면 됩니다. 미국의 CVS나 월그린스에서는 여권사진 촬영 서비스도 제공해요. 하지만 매장에서 "여권사진을 찍고 싶다"고 말하면, 대부분 미국 여권 기준(2×2인치)으로 촬영하므로 한국 여권사진이라고 반드시 사전에 요청해야 해요. 한국 여권사진은 35×45mm(약 1.38×1.77인치) 크기로, 미국 여권용보다 작아요. 또한, 조명이나 보정을 신경 써주는 한국의 사진관과는 달리, 미국에서는 흰 벽 앞에 간단히 서서 디지털 카메라로 촬영한 뒤, 바로 인화하는 기계적인 방식으로 진행돼요. 실물을 받아 보면, 한국 사진관의 섬세한 촬영 환경과 리터칭 기술이 얼마나 정교한지 체감하게 될 거예요.

체했을 때 소화제 추천받기

다양한 약 종류의 용법이 익숙치 않더라도 약사에게 물어보면 친절히 설명해 주니 걱정하지 마세요. CVS에서 약사에게 소화불량 증상을 설명하고 약을 추천받는 대화를 살펴볼게요. 여행 중 체하면 아픈 걸 참지 말고 알아두었다 활용해 보세요.

★★★★★

40.mp3

Customer	Excuse me, can you help me find something for indigestion?	
손님	저기요, 소화불량에 좋은 약 좀 찾아 주실 수 있나요?	
Pharmacist	Of course.	
약사	그럼요.	
Customer	My stomach feels bloated and I have some heartburn.	
손님	배가 더부룩하고 속이 좀 쓰려요.	
Pharmacist	An antiacid like Tums might help.	
약사	텀스 같은 제산제가 도움이 될 수 있어요.	
Customer	I've taken it before, but it didn't work for me.	
손님	전에 먹어 봤는데 저에게는 효과가 없었어요.	
Pharmacist	Have you tried Alka-Seltzer? It contains an antiacid that helps stomach pain, and aspirin, which can help with discomfort you might be feeling.	
약사	알카 셀처는 드셔 보셨나요? 제산제가 들어 있어서 속쓰림에 도움이 되고, 아스피린이 속이 불편한 느낌을 줄여줄 거예요.	
Customer	It sounds good. Should I take it like a regular pill?	
손님	좋을 것 같네요. 보통 알약처럼 먹으면 되나요?	
Pharmacist	You dissolve two tablets in water and drink it. The instructions are written on the package.	
약사	두 알을 물에 녹여서 마시면 돼요. 상자에 설명이 써 있어요.	
Customer	Great. Thank you so much.	
손님	좋아요. 감사합니다.	

주머니가 가벼운 여행자를 위한 미국판 다이소

미국은 전반적으로 한국보다 물가가 비싸요. 숙박비, 식비, 거기에 팁까지 여행 중 드는 비용은 상상을 초월하죠. 그래서 많은 여행객은 가치 있는 경험에는 과감히 지갑을 열되, 절약할 수 있는 부분은 철저히 아끼는 현명한 소비자가 됩니다. 그런 의미에서 달러 트리는 매장 내 다양한 제품이 1.25달러인 생활 잡화점으로, 여행 중 알뜰하게 쇼핑하고 싶은 분들께 좋은 선택이 될 수 있어요. 최근에는 물가 인상으로 많은 제품이 1.5달러로 인상되고 있고, 이후 본문에서 소개하는 1.25달러 제품이 나중에는 1.5달러가 될 수도 있어요. 하지만 여전히 가성비가 좋습니다.

달러 트리는 '달러 제너럴(Dollar General)', '패밀리 달러(Family Dollar)'와 함께 미국 3대 달러 스토어 중 하나예요. 세 브랜드의 매장 수를 모두 합치면,

월마트를 포함한 미국 주요 유통 브랜드 여섯 곳의 매장 수를 합한 것보다 많습니다. 참고로 달러 트리는 2015년에 패밀리 달러를 인수했지만, 브랜드명을 통합하지 않고 각자 운영하고 있어요. 만약 이 중 하나만 가봐야 한다면, 단연 달러 트리를 추천합니다.

처음에는 모든 제품이 1달러였지만, 지속적인 인플레이션의 영향으로 결국 가격을 인상하게 되었어요. 2024년부터는 1.25달러를 넘어 3달러, 5달러가 넘는 제품도 함께 판매하고 있습니다. 그럼에도 불구하고 여전히 미국에서 가장 저렴하게 쇼핑할 수 있는 장소 중 하나로 손꼽히죠. 달러 트리는 전국적으로 방대한 유통망을 갖추고 있어, 일부 브랜드는 이곳의 가격대에 맞춘 소용량 전용 제품을 별도 제작해 납품하기도 해요. 한국의 비비고 만두도 이곳에서는 귀여운 사이즈로 만나볼 수 있습니다.

여행자도 재벌처럼 쇼핑할 수 있는 곳

달러 트리는 한국의 다이소처럼 생활용품부터 식료품까지 다양한 제품을 판매합니다. 다만 다이소가 합리적인 가격에 예쁜 디자인까지 갖췄다면, 달러 트리는 실용성에 더 중점을 두고 있어 디자인은 투박한 편이에요. 저는 주로 축하 카드, 간식, 카페인 음료, 파티용품 등을 사러 이곳을 찾아요. 이곳에는 간식과 식품 코너가 따로 있는데, 상당수의 제품이 단돈 1.25달러예요. 미국에서 파는 신기한 음료나 과자를 맛보고 싶지만, 마트에서는 대용량으로 판매해서 사기 망설여질 때가 있죠. 그럴 땐 달러 트리에서 작은 사이즈 제품을 부담 없이 구입할 수 있어서 좋습니다.

주방이 있는 숙소에 묵는 여행자라면, 식빵, 잼, 시리얼, 우유, 파스타, 소스 같은 간단한 식재료를 모두 1.25달러에 살 수 있어요. 매장에 따라 냉장고나 냉동고가 갖춰져 있어 냉동식품도 구매 가능할 수도 있지만, 이런 시설은 지점마다 다를 수 있습니다.

달러 트리는 재고 처리 상품도 종종 취급하기 때문에 갈 때마다 새로운 구성의 물건들을 만날 수 있어요. 품질은 일반 마트에서 몇 배 더 주고 사는 것과 비교해도 크게 차이나지 않아요. 운이 좋으면 "이게 정말 이 가격에?" 싶을 때도 있어요. 예전에 스낵 코너에서 고디바 초콜릿을 단돈 1.25달러에 파는 걸 본 적이 있어요. 이런 상황에서는 "It's a steal!(거저나 다름없네!)"라는 말이 절로 나오죠. 여기서 steal은 원래 '훔치다'는 뜻이지만, 말도 안 되는 조건에 물건을 사면 마치 훔친 것처럼 느껴진다는 의미로 쓰입니다.
물론 저렴한 만큼 품질이 낮거나 디자인이 투박한 제품이 많습니다. 하지만 여행 중 잠깐 쓰고 버릴 용도라면 오히려 합리적인 소비가 될 수 있어요.

달러 트리에서는 진통제, 영양제, 여성용품, 반창고 등 150여 개의 미국 브랜드 제품을 소용량으로 1.25달러에 구매할 수 있어 응급용으로 챙기기에도 좋습니다. 여행 중 깜짝 이벤트를 준비해야 할 일이 생겼을 때도 카드나 파티용품 등을 달러 트리에서 부담 없이 구입할 수 있어요.

한국에서는 "다이소에서는 평민도 재벌처럼 쇼핑할 수 있다"고 하는데, 미국 달러 트리에서 여행자도 그런 기분을 느낄 수 있습니다. 물가가 비싼 미국에서 잠시 숨을 돌릴 수 있게 해주는 고마운 가게입니다.
한 가지 주의할 점도 있어요. 많은 달러 스토어가 중저소득 지역에 위치해 있어 매장마다 분위기 차이가 커요. 어떤 곳은 밝고 깨끗하지만, 조명이 어둡고 청결 상태가 떨어지는 곳도 종종 있습니다. 특히 치안이 불안한 지역에 있는 매장은 해가 진 후에는 방문을 피하는 것이 안전합니다.

로드 트립 준비물 사기

달러 트리는 로드 트립을 떠나기 전 필요한 간식과 여행용품을 준비하기에도 안성맞춤입니다. 소용량으로 구성된 다양한 스낵과 음료는 물론, 휴대하기 좋은 미니 사이즈의 위생용품도 갖춰져 있어요. 여행 전 필요한 것들을 한꺼번에 챙기기에 딱입니다. 로드 트립용 상품을 추천받아 사는 대화를 볼게요.

★★★★★   41.mp3

Customer	Hi! I'm looking for snacks for a road trip. And it's my first time here.
손님	안녕하세요. 로드 트립용 간식을 찾고 있어요. 그런데 여기 처음 와봐서요.
Employee	No problem. Are you looking for something specific?
점원	문제 없어요. 특정 제품을 찾고 계신가요?
Customer	I'm open to suggestions. Which snacks are popular?
손님	추천해 주시면 좋겠어요. 어떤 간식이 잘 팔리나요?
Employee	For road trips, I recommend trail mix, snack bars, beef jerky, bags of chips.
점원	로드 트립엔 트레일 믹스(견과류 & 스낵 믹스), 스낵 바, 육포, 봉지 과자를 추천드려요.
Customer	It sounds great. I'm going to need something to drink as well.
손님	좋네요. 마실 음료도 필요할 것 같아요.
Employee	We have water, soda, coffee, juice, and so on. We also carry caffeine drinks just in case you get tired while driving.
점원	물, 소다, 커피, 주스 등이 있어요. 운전 중 피곤할 수도 있으니 카페인 음료도 준비돼 있어요.
Customer	Perfect! Do you also have travel sized products like toothpaste, lotion?
손님	좋아요. 여행용 사이즈 치약이나 로션 같은 것도 팔아요?
Employee	Yes, we do. If you go to that aisle, you can find shampoo, body wash, tissues and so on.
점원	네. 저쪽 통로에 가시면 샴푸, 바디 워시, 휴지 등을 찾을 수 있을 거예요.
Customer	That's what I need. Thank you for your help.
손님	제가 필요한 것들이네요. 도와주셔서 감사합니다.
Employee	You're welcome. Have a safe and enjoyable road trip.
점원	천만에요. 안전하고 즐거운 로드 트립 다녀오세요.

아기자기함에 지갑이 열리는 미국판 감성 다이소

한국 사람들은 물건을 살 때 디자인을 중요하게 여기는 편이에요. 같은 값이면 더 예쁜 걸 고르고 싶어하죠. 다이소만 가도 아기자기하고 감각적인 물건들이 가득해서, 가게를 통째로 사고 싶어질 때가 있습니다. 그런데 미국의 달러 스토어는 분위기가 다릅니다. 디자인보다는 실용성과 기능에 초점이 맞춰져있고, 제품들이 전반적으로 투박해요. 비슷한 가격과 품질이라면, 한국 제품의 디자인이 훨씬 뛰어납니다. 미국에서 예쁜 물건을 사려면 한국보다 더 비싼 값을 치러야 해요.

이런 틈새를 잘 공략한 브랜드가 바로 파이브 빌로우입니다. 매장에 들어서면 화사한 조명 아래 아기자기하고 예쁜 제품들이 눈길을 사로잡습니다. 미국 물가 기준으로 "이게 정말 1달러야?", "3달러에 이런 디자인의 물건이 나온다고?" 싶은 놀라운 물건들이 많아요.

파이브 빌로우는 이름 그대로 'five below', 즉 5달러(five) 이하(below)의 물건을 파는 매장이에요. 미국인들은 이곳을 달러 스토어라고 부르지는 않지만, 일반적인 달러 스토어에도 1~5달러의 물건이 많기 때문에 같은 카테고리로 묶어도 무리가 없겠다 싶었어요.

대부분의 파이브 빌로우 매장은 다양한 상점들이 줄지어 있는 스트립 몰(strip mall) 안에 있어요. 땅이 넓은 미국에서는 한국처럼 건물과 가게들이 빼곡하게 모여 있지 않아요. 인구 밀도가 높은 대도시가 아닌 이상, 건물들이 띄엄띄엄 퍼져 있는 경우가 많죠. 이중에서 도로변을 따라 일렬로 가게나 식당들이 모여 있는 곳을 스트립 몰이라고 부르는데, 미국에서 아주 흔하게 볼 수 있는 형태입니다.

충동구매조차 기분 좋은 쇼핑 천국

파이브 빌로우의 주 타겟은 여성과 아이들입니다. 그래서인지 어린이와 어른을 위한 장난감이 정말 다양해요. 그림책, 인형, 퍼즐, 보드게임 등 "이게 정말 5달러밖에 안 한다고?" 싶을 정도로 저렴한 제품이 가득하죠. 특히 아이와 함께 들어가면 빈손으로 나올 수가 없습니다. 그래도 가격이 부담되지 않으니 "원하는 거 골라봐"라고 말할 수 있어서 부모 입장에서는 마음이 편해요.

주변에 줄 소소한 선물을 찾을 때도 파이브 빌로우는 좋은 선택이에요. 값비싼 선물은 부담스럽고, 뭘 사야 할지 모르겠을 때 작은 선물을 고르기 좋습니다.

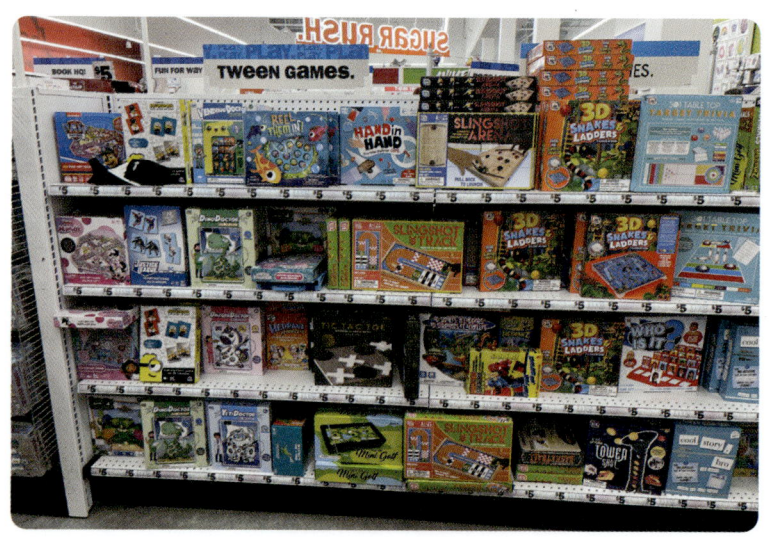

파이브 빌로우에는 의류, 슬리퍼, 화장품 같은 생활용품도 판매하지만, 품질이 애매해서 눈길이 잘 가지는 않아요. 대신 간식 코너는 강력 추천합니다. 일반 달러 스토어보다는 살짝 비싸지만, 그만큼 다양하고 맛있는 과자들이 많아요.

특히 사탕, 초콜릿처럼 단 음식을 좋아하는 사람이라면 'Sugar Rush(슈가러시)' 코너에 들러보세요. 한국에서는 보기 힘든 간식들이 많고, 종류도 다양해서 하나씩 담고 싶어질지도 몰라요. 참고로 'sugar rush'는 설탕(sugar)이 몸에 급속히(rush) 들어가면서 기분이 좋아지고 에너지가 솟는 상태를 의미하는 표현이에요.

매장 앞쪽에는 이름 그대로 5달러 이하의 제품들이 진열되어 있고, 뒤편에는 5달러 이상 제품을 파는 'Five Beyond' 코너가 있습니다. 여기서는 간단한 전자기기, 여행용품, 인기 캐릭터 라이선스 제품 등 낮은 가격에 팔기 힘든 아이템을 찾아볼 수 있어요.

워싱턴포스트에서는 파이브 빌로우를 이렇게 표현한 적이 있어요:
"Five Below is a wonderland of things no one needs. It's also one of the most successful retailers in America." ("파이브 빌로우는 아무에게도 필요 없는 물건으로 가득한 천국이다. 그런데 미국에서 가장 성공한 유통 브랜드 중 하나이기도 하다.")
이 기사를 읽고 웃음이 나왔어요. 생각해 보면 저도 뭔가 필요해서 파이브 빌로우에 간 적이 별로 없거든요. 예쁜 물건이 많아서 보기만 해도 기분이 좋아지니 그냥 구경하러 들어갔다가, 어느새 한두 개씩 집어 들고 나왔다는 사실을 깨달았기 때문이에요.

유튜브나 블로그에서도 파이브 빌로우 관련 콘텐츠가 정말 많아요. '꼭 사야 할 것'과 '피해야 할 것'을 소개하는 내용이 많은데요, 공통적으로 나오는 조언은 오래 써야 하는 물건은 피하라는 점이에요. 그만큼 이곳은 많은 사람들의 관심과 사랑을 받고 있는 인기 쇼핑 장소입니다.

조카에게 선물할 기념품 추천받기

파이브 빌로우에서 한국으로 가져갈 조카 선물을 구입하는 대화를 볼까요? 직원의 도움을 받아, 캐리어에 쏙 들어가면서도 인기 있는 아이템을 찾아보아요.

★★★★★

Customer	Hi, I'm looking for gifts for my nephew and niece. Something light and compact. So I can fit them into my suitcase.
손님	안녕하세요. 제 남자 조카와 여자 조카에게 줄 작은 선물을 찾고 있어요. 가볍고 작은 걸로요. 캐리어에 넣어가야 해서요.
Employee	Do you know what they like?
점원	조카들이 뭘 좋아하는지 아시나요?
Customer	They like cute and unique items.
손님	귀엽고 특이한 아이템을 좋아해요.
Employee	Our popular items are Squishmallows, figurines and keychains.
점원	스퀴시멜로우, 작은 피규어, 열쇠고리가 인기 많아요.
Customer	Those sound great.
손님	좋네요.
Employee	We also have stationery sets, stickers and puzzles that are light.
점원	가벼운 걸로는 문구 세트, 스티커, 퍼즐도 있어요.
Customer	Oh, my nephew loves jigsaw puzzles. But they're kind of bulky.
손님	아, 제 남자 조카는 직소 퍼즐을 좋아해요. 그런데 그건 부피가 좀 크죠.
Employee	No problem. We have jigsaw puzzles in a tube as well.
점원	문제 없어요. 튜브에 들어 있는 직소 퍼즐도 팔거든요.
Customer	Nice. I'll go to the toy aisle and see what catches my eye. Thank you.
손님	좋아요. 장난감 코너에 가서 어떤 게 눈에 띄는지 볼게요. 감사합니다.

Fashion & Beauty

패션 | 폴로 (랄프 로렌) | 빅토리아 시크릿 | 코치 | 크록스
화장품 | 세포라 | 얼타 뷰티 | 배쓰 앤 바디 웍스
브랜드 아울렛 | TJ Maxx | Nordstrom Rack

가성비 럭셔리 패션 브랜드

랄프 로렌은 한국인들이 좋아하는 미국 대표 브랜드 중 하나예요. 한국 매장에서 훨씬 비싼 가격에 판매되고 있어 아쉬운 마음을 미국 쇼핑으로 달래기도 하죠. 한국에서는 미국 공식 홈페이지 접속이 안되기 때문에 우회 접속을 하거나, 랄프 로렌 제품을 파는 다른 사이트에서 구매를 한 후 배송 대행 서비스를 활용하기도 해요. 구매 대행 서비스를 이용해도 좀 더 저렴합니다.

랄프 로렌은 브랜드 이미지를 위해 매년 정가를 인상해요. 하지만 미국에서는 정가 매장보다 아울렛 매장이 훨씬 많아 상대적으로 저렴한 가격에 제품을 구매할 수 있어요. 랄프 로렌을 포함한 많은 패션 브랜드들은 아울렛 전용 상품을 별도로 제작해 판매하거든요. 물론 'You get what you pay for.(싼 게 비지떡)'라는 말처럼, 아울렛 제품은 정가 제품에 비해 품질이 떨어지긴 합니다. 하지만 전체적인 디자인이나 브랜드 이미지 측면에서는 랄프 로렌의 가치를 충분히 누릴 수 있어요.

랄프 로렌 제품은 뒤에서 소개할 티제이 맥스(TJ Maxx) 같은 할인 매장에서도 종종 발견할 수 있어요. 가격이 착해서 '랄프 로렌이 이 가격에?' 하고 깜짝 놀랄 때도 있어요. 다만, 디테일이나 마감이 정가 매장만큼 꼼꼼하지 않으니 잘 살펴보고 골라야 해요.

미국 아울렛 쇼핑 팁

미국 전역에는 400개가 넘는 아울렛이 있어서 여행 중에 자주 마주치게 됩니다. 규모가 어마어마하게 커서 하루 만에 다 둘러보기 어려운 곳이 많아요. 그래서 방문 전 구글에서 검색 후 아울렛 홈페이지에서 매장 리스트와

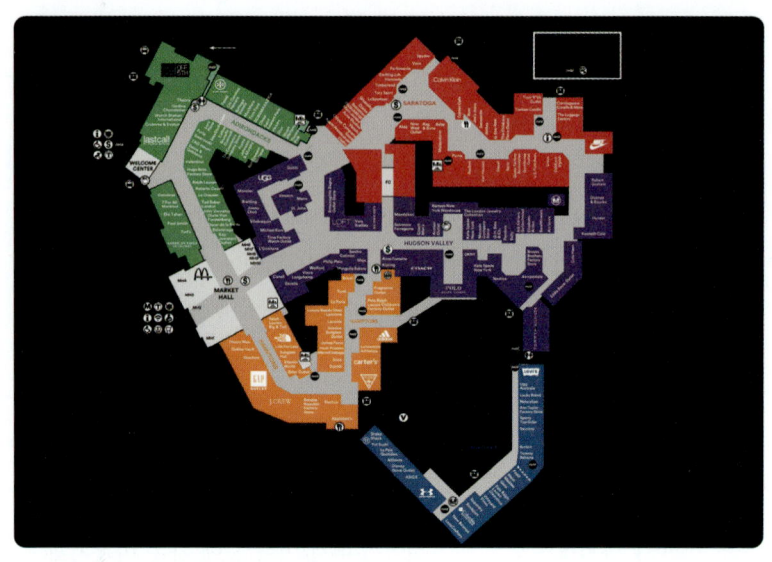

지도를 확인해 보세요. 꼭 들르고 싶은 브랜드를 미리 정해 두는 걸 추천합니다.

내비게이션이나 구글맵에 아울렛 이름을 입력하지 말고 방문하려는 브랜드 매장명을 검색하면 더 가까운 주차장으로 안내해줘요. 그렇지 않으면 가고 싶은 매장과 멀리 떨어진 쪽에 주차해서 한참 걸어가는 일이 생길 수 있거든요. 쇼핑 동선을 잘 짜면 시간과 체력을 아낄 수 있어요. 평일 방문이 훨씬 한산하고, 주말이라면 오전 시간대를 추천합니다. 일요일에는 평소보다 늦게 오픈하는 곳이 많으니 사전에 시간을 확인하고 방문하세요.

랄프 로렌 매장에는 클래식하고 단정한 디자인의 폴로 셔츠들이 색상별로 진열돼 있어요. 폴로 셔츠를 처음으로 상품화한 사람은 프랑스의 테니스 선수이자 기업가인 르네 라코스트(Rene Lacoste)입니다. 하지만 이 셔츠를 대중화시킨 건 랄프 로렌이었고, 그 덕분에 '폴로 셔츠는 랄프 로렌'이라는 이미지가 생겼죠. 랄프 로렌의 로고는 말을 타고 맬릿(mallet, 폴로 경기에서 쓰는 막대기)을 휘두르는 선수의 모습인데요. 클래식하면서도 품격 있는 스포츠 스타일을 상징해요.

매장에서는 의류 외에도 벨트, 모자, 넥타이, 텀블러, 속옷, 비치 타월 등이 보여요. 디자인이 세련되면서도 단정해 실용적입니다. 부피가 작은 제품은 선물용으로도 적당하죠. 특히 아울렛 아동복은 브랜드 이미지 대비 가격도 비싸지 않은 편이라 반응이 좋은 선물입니다.

셔츠 사이즈 교환하기

입어보지 않고 평소 입던 사이즈대로 옷을 구매하는 분들이 있어요. 하지만 디자인에 따라 사이즈가 조금씩 다르고 해외 브랜드는 한국인 체형에 안 맞을 수 있어요. 사이즈가 안 맞으면 당황하지 말고 영수증을 들고 매장에 찾아가서 사이즈를 교환하세요. 몸에 잘 맞아야 손이 자주 가는 옷이 되니까요. 맞지 않는 셔츠를 교환하는 대화를 볼게요.

★★★★★ 　　　　　　　　　43.mp3

Customer	Hi, I bought this shirt yesterday. When I tried it on at home, it felt tighter than usual.
손님	안녕하세요. 어제 이 셔츠를 샀는데요. 집에서 입어보니까 평소보다 타이트한 것 같아요.
Employee	I'm sorry to hear that. Would you like to exchange?
점원	아쉽네요. 교환하시겠어요?
Customer	Yes, please.
손님	네, 그렇게 해주세요.
Employee	Did you bring the receipt?
점원	영수증 가져오셨나요?
Customer	Yes, I did.
손님	네, 가져왔어요.
Employee	Great. If the shirt is new with the tag, we can absolutely exchange it for a better fit. Would you like to pick a different size?
점원	좋아요. 셔츠가 새것인 상태로 택이 붙어 있으면 더 잘 맞는 것으로 교환해드릴 수 있어요. 다른 사이즈로 골라 보시겠어요?
Customer	Sure. I'll go one size up, medium.
손님	네. 한 사이즈 큰 걸로 할게요. M이요.
Employee	Would you like to try it on to make sure it fits well?
점원	잘 맞는지 확인하기 위해 착용해 보시겠어요?
Customer	Definitely. Thanks for your help.
손님	(확실히) 네. 도와주셔서 감사합니다.
Employee	Of course! The fitting rooms are over there. Let me know if you need anything else.
점원	당연한 걸요. 탈의실은 저쪽에 있어요. 더 필요한 것이 있으면 알려주세요.

내 몸에 딱 맞는 속옷

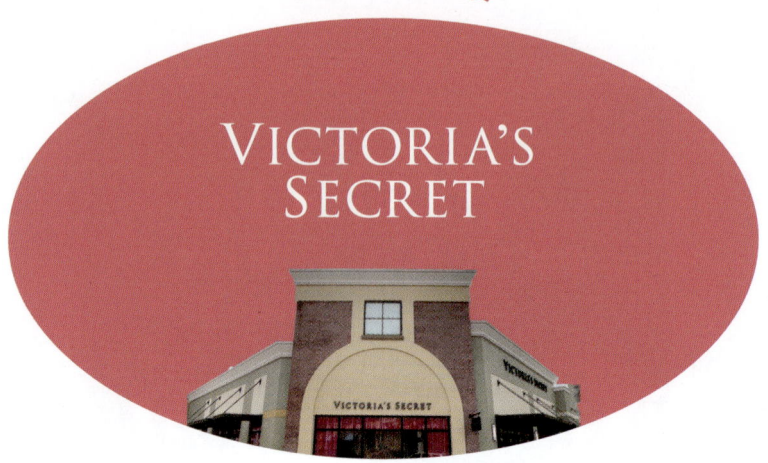

미국 여행을 오는 여성들은 빅토리아 시크릿 매장을 꼭 방문하고 싶어해요. 한국에서는 보기 힘든 디자인과 색상의 속옷을 볼 수 있기 때문이죠. 특히 체구가 있거나 가슴 사이즈가 커서 한국에서 예쁜 속옷을 찾기 어려운 분들이라면 꼭 한번 들러 보고, 괜찮으면 직구도 고려해 보세요.

미국에 살면서 좋은 점 중 하나가 패션 아이템들의 사이즈 선택의 폭이 넓다는 점인데요. 다양한 인종과 체형의 사람들이 함께 살다 보니 한국과는 비교할 수 없을 정도로 사이즈가 다양해요. 한국의 평균 체형에서 벗어나거나 발이 큰 사람도 미국에서는 사이즈 걱정 없이 쇼핑할 수 있어요. 참고로 한국에서 흔히 쓰는 '프리사이즈'는 콩글리시이고, 영어로는 'one size fits all'이라고 표현해요. 모자처럼 사람마다 사이즈 크기 차이가 크지 않은 제품이나, 신축성이 뛰어난 의류에 주로 사용해요.

빅토리아 시크릿의 창립자인 로이 레이몬드(Roy Raymond)는 백화점에 아내를 위한 속옷을 사러 갔는데 남자가 속옷 매장에 왔다고 변태처럼 바라본 직원들 때문에 불편했다고 해요. 그 경험을 바탕으로 누구나 눈치 보지 않고 편하게 속옷을 고를 수 있는 공간을 만들고자 빅토리아 시크릿을 론칭했어요. 실제로 이곳에는 여자친구나 아내에게 줄 선물을 사러 온 남성 고객도 많고, 다양한 성 정체성을 가진 사람들도 매장을 자주 찾아요. 직원들도 성별과 상관없이 도움이 필요하다면 친절하게 응대해 주죠.

팬티 종류가 무려 12가지?
처음 미국 빅토리아 시크릿 매장에 가면 규모에 깜짝 놀랍니다. 매장이 넓

을 뿐만 아니라 사이즈가 정말 다양하거든요. 한국에서는 브라 사이즈가 4~5가지 정도인데, 빅토리아 시크릿은 무려 7가지나 있어요. 컵 사이즈도 A부터 G컵까지 다양하게 갖춰져 있어서 자기 몸에 꼭 맞는 브라를 고를 수 있습니다.

빅토리아 시크릿에서는 팬티 종류도 12가지나 돼요. 한국인 체형에는 주로 비키니(bikini, 가장 기본적인 팬티 스타일), 힙허거(hiphugger, 엉덩이와 골반을 안정감 있게 감싸는 팬티 스타일), 보이쇼츠 팬티(boyshort panties, 남성 드로즈 같은 네모난 디자인)을 추천해요. 특히 'No-Show' 팬티는 허리와 다리 라인에 바느질 자국이 전혀 없어 옷에 비치지 않아서 몸에 꼭 맞는 원피스나 하의를 입을 때 추천해요.

참고로 속옷을 뜻하는 'panties'는 여성용이고, 남성용은 보통 'underwear'라고 해요. 바지처럼 다리가 들어가는 구멍이 두 개라서 복수형을 쓰는데요, 바지를 pants라고 하는 것도 같은 이유입니다.

미국과 한국은 사이즈 체계가 달라서 처음 속옷을 사는 분들은 헷갈릴 수 있어요. 그럴 땐 "Can you help me with my size?"라고 물어보면 직원이 사이즈를 측정한 후 피팅을 도와줘요. 만약 입어 봤는데 밴드가 너무 꽉 낀다면, 탈의실에서 옷을 다 입고 나갈 필요 없이, 직원에게 "The bra band is too tight. May I try a bigger size?"라고 말하면 됩니다. 보통 탈의실 근처에 직원이 대기하고 있으니 부끄러워하지 말고 도움을 요청하세요.

매장 안에는 빅토리아 시크릿과 함께 PINK 매장도 붙어 있어요. PINK는 10대와 젊은 여성 타깃의 브랜드로, 귀엽고 아기자기한 디자인이 많고 가격도 더 저렴해요. 여유가 되면 둘 다 둘러보면서 나에게 잘 맞는 스타일을 골라보세요.

빅토리아 시크릿 매장에서 속옷 사기

빅토리아 시크릿은 속옷 천국이라는 말이 절로 나오는 곳이죠. 마음에 드는 아이템을 찾았다면 직원에게 사이즈 측정을 부탁해 잘 맞는 제품으로 구매하세요. 대화를 살펴 보겠습니다.

★★★★★　　　　　　　　　　44.mp3

Customer	Hello, it's my first time here. I want to buy a bra, but I'm not sure about the sizes.
손님	안녕하세요. 여기 처음 와 봤는데요, 브래지어를 사고 싶은데 사이즈를 잘 모르겠어요.
Employee	No worries. Would you like to be measured to get an accurate fit?
점원	걱정 마세요. 정확한 사이즈를 위해 한 번 재어 볼까요?
Customer	Yes, please.
손님	네, 그렇게 해주세요.
Employee	I'll measure your band and cup size to find the best fit for you.
점원	밴드와 컵 사이즈를 재서 잘 맞는 제품을 찾아 드릴게요.

(사이즈 측정 후)

Employee	It looks like your size is 34A. Do you have any preference in style? Our push-up bras are well-known, we also have unlined, lightly lined bras.
점원	손님 사이즈는 34A네요. 선호하는 스타일이 있나요? 저희 푸쉬업 브라가 인기 많고, 안감이 없는 제품이나 얇은 안감이 들어간 제품도 있어요.
Customer	Do you have wireless bras?
손님	와이어가 없는 브라도 있나요?
Employee	Sure, we do. I'll show you.
점원	그럼요. 안내해 드릴게요.

(손님이 착용해 보고 싶은 제품을 고른 후 탈의실 앞으로 간다)

Customer	I want to try these on.
손님	이 제품들을 입어 보고 싶어요.
Employee	Of course! I'll be right here if you need anything else or want to try different sizes or styles.

점원	당연하죠. 또 필요한 것이 생기거나, 다른 사이즈나 스타일을 착용해 보고 싶을 수 있으니 여기 있을게요.

코치는 1941년에 뉴욕에서 론칭 후 무려 80년 넘게 사랑을 받았어요. 맨해튼에 살던 한 커플이 가죽 야구 글러브에서 영감을 받아 핸드백을 만든 것에서 시작됐죠. 코치는 뛰어난 가죽 품질과 꼼꼼한 바느질, 심플한 디자인, 그리고 야구 글러브처럼 튼튼한 가방으로 알려져 있어요.

특히 1990년대부터 '가성비 좋은 럭셔리'라는 새로운 포지션을 확립하며 더욱 인기를 얻기 시작했는데요. 당시에는 고가의 명품 가방과 적당한 품질의 가방 사이의 중간쯤 되는 선택지가 없었는데 코치는 이 틈을 절묘하게 공략했어요. 좋은 품질의 가죽 가방을 비교적 부담 없는 가격에 선보였죠. 이후 플래그십 스토어를 열고 카탈로그를 제작하면서 본격적인 글로벌 패션 브랜드로 성장했고 시계 등의 다양한 액세서리로도 영역을 넓혔어요.

예전엔 코치는 중년 여성들이 드는 가방 브랜드라는 인식이었는데 요즘은 분위기가 많이 달라요. 클래식한 라인뿐 아니라 젊은 세대가 좋아할 만한 발랄한 디자인의 가방도 다양하게 선보이고 있거든요. 2023년에는 환경 보호와 지속 가능성을 중시하는 소비자들을 겨냥해 코치토피아(Coachtopia)라는 서브 브랜드도 론칭했어요.

쇼핑 꿀팁과 제품 구별법

코치도 랄프 로렌처럼 정가 매장과 아울렛 매장에서 파는 제품이 구분되어 있어요. 가끔 정가 매장의 이월 상품이 아울렛으로 넘어오기도 하지만 대부분의 아울렛 제품은 처음부터 따로 제작됩니다. 품질이 나쁜 건 아니고 안감이나 장식 등 일부 요소에서 제작 원가를 줄여 저렴한 가격에 선보이는 거죠. 덕분에 '가성비 럭셔리'를 누릴 수 있는 게 아울렛 제품의 매력이

에요.

제품 디자인에도 차이가 있어요. 미국 내 정가 매장에서 판매하는 가방에는 코치의 앞 글자인 C 모양 장식이 박혀 있는 경우가 많고, 아울렛 매장 제품에는 'COACH'라는 브랜드명 위에 마차를 끄는 말 로고가 새겨진 디자인이 많습니다. 100% 정확한 구분법은 아니지만, 이런 특징을 알고 가면 제품을 고를 때 도움이 될 거예요.

아울렛 매장은 백화점 못지않아요. 고급스럽고 깔끔하게 정돈된 넓은 공간, 친절한 서비스에 소파와 의자가 비치되어 있어 기다리기도 좋아요. 매장 대부분 공간은 가방으로 채워져 있지만, 그 외에도 가죽 책 커버, 필통, 보석함 등의 소품과 귀걸이, 반지, 목걸이 같은 액세서리도 다양하게 있어요. 가죽 관리 용품도 함께 판매하고 있으니 같이 둘러보면 좋아요.

사고 싶은 가방의 옵션이 많아 고민될 때

사고 싶은 가방의 사이즈와 색상이 다양해서 고민될 때가 있죠. 이럴 때는 매장 직원에게 도움을 요청해 보세요. 가방을 추천받고 직접 메어 볼 수 있으니 관심이 가는 가방을 다양하게 착용해 보세요. 가방을 여러개 메보는 상황의 대화를 살펴볼게요.

★★★★★

Customer	I'm looking for a Tabby shoulder bag. But there are different styles. I'm having a hard time deciding which one to choose.
손님	태비 숄더백을 찾고 있는데요. 스타일이 여러 가지라 어떤 걸 고를지 고민되네요.
Employee	I can help you find the right bag.
점원	마음에 드는 가방을 찾을 수 있도록 도와드릴게요.
Customer	Thank you. I want something versatile that I can use daily but also for evenings out.
손님	감사합니다. 매일 들 수 있으면서 저녁에 놀러 나갈 때도 어울리는 다용도 가방을 사고 싶어요.
Employee	Tabby Shoulder Bag 26 is a medium-sized bag, perfect for carrying your wallet, phone, and a few extras.
점원	중간 사이즈인 태비 숄더백 26인치가 좋겠어요. 지갑, 핸드폰, 자잘한 소지품까지 여유 있게 들어가요.
Customer	Great. I like the quilting bags.
손님	좋네요. 전 퀼팅백이 좋아요.
Employee	We have the Tabby Quilting bags available in denim and black colors.
점원	태비 퀼팅백은 데님과 검은색이 있어요.
Customer	Hmm… May I try both of them on my shoulder?
손님	음… 둘 다 어깨에 메어 볼 수 있을까요?
Employee	Of course!
점원	당연하죠!
	(가방을 메어 본 후)
Customer	Black looks better, but I'd like to look around a bit more.
손님	검은색이 더 잘 어울리네요. 그런데 매장을 좀 더 둘러볼게요.

Employee	**No problem. Let me know if you have any questions or need any help.**
점원	네. 궁금한 점이 있거나 도움이 필요하면 알려주세요.
Customer	**I will. Thank you.**
손님	그럴게요. 감사합니다.

못생겨도 편해서 인기 많은 신발

크록스는 못생긴 신발의 대명사로 자주 언급돼요. 처음 보고 '이건 절대 안 신는다'고 마음먹은 사람도 한 번 신어 본 뒤로는 너무 편해서 생각이 바뀌죠. 크록스 안티들 사이에서는 "Nice Crocs, said no one ever.(멋진 크록스네! 라고 말한 사람은 단 한 명도 없었다.)"라는 농담이 돌아다닐 정도로 디자인에 대한 평가는 박해요. 크록스는 오히려 'Ugly can be beautiful'이라는 캠페인을 통해 외형을 개성으로 승화시켰고, 다양한 색상과 콜라보 제품들로 팬층을 넓혀가고 있어요.

원래 크록스는 보트를 타는 사람들을 위한 신발로 만들어졌어요. 방수 재질이고 쉽게 신고 벗을 수 있으며, 발도 보호하는 기능성 신발이었죠. 2002년에 한 보트쇼에서 시험 삼아 200켤레를 판매했는데 순식간에 완판

되었다고 해요.

육지와 물가 어디서나 신을 수 있는 점이 마치 육지와 물을 자유롭게 넘나드는 악어(crocodile)를 연상시킨다고 해서 크록스라는 브랜드명도 생겨났어요.

크록스의 편안함의 비결은 특허 받은 '크로스라이트(Croslite)'와 '라이트라이드(LiteRide)'라는 소재 때문인데요. 가볍고 쿠션감이 좋아서 장시간 서 있어야 하는 의료계 종사자들 사이에 특히 인기가 높아졌고, 다른 브랜드는 이 착화감을 따라갈 수 없대요. 크록스는 2020년부터 전 세계 의료인들에게 100만 켤레가 넘는 신발을 기부하는 캠페인도 진행했어요.

개성을 표현하는 지비츠의 매력

크록스를 신는 재미 중 하나는 바로 '지비츠(Jibbitz)'로 신발을 꾸미는 거예요. 뽕뽕 구멍 뚫린 크록스에 귀여운 장식들을 꽂아 나만의 스타일을 표현할 수 있죠. 지비츠는 2005년에 어느 커플이 아이들의 크록스에 장식품을 끼우다가 "이거 사업이 되겠다!"는 생각으로 시작한 아이템인데 이듬해인 2006년 크록스 본사가 이 회사를 인수하면서 지비츠는 크록스의 한 축이 되었습니다.

요즘엔 매장이나 온라인 공식몰에서 수백 가지의 지비츠를 판매하고 있어서 새로운 지비츠를 찾는 재미가 쏠쏠해요. 계절, 기분, 패션 스타일에 따라 지비츠를 교체할 수 있고, 인기 캐릭터나 트렌디한 테마의 제품들도 자주 나와서 수집하는 재미도 있답니다. 아예 지비츠로 꾸민 전용 가방을 들고 다니는 사람들도 보여요.

미국 크록스 매장에서는 낡은 크록스를 반납하면 새 제품 구매 시 10% 할인을 해주는 프로모션도 진행 중이에요. 수거한 신발이 상태가 좋으면 비영리 재단에 기부하고, 그렇지 않으면 재활용해서 새로운 크록스 신발로 태어난다고 합니다.

'Once you go Crocs, you never go back.(한 번 크록스를 신으면, 다시는 다른 신발로 돌아갈 수 없어요.)라는 말이 있을 정도로 미국에는 크록스의 팬이 정말 많아요. 비교적 한가한 월요일에도 매장은 북적거리죠.
매장 벽면에는 못생겼지만 알록달록한 크록스 신발이 가득 걸려 있어서 화사한 느낌이 들어요. 요즘 인기 있는 캐릭터와 콜라보한 제품들도 쉽게 찾아볼 수 있었고, 지비츠가 가득한 귀여운 가방들도 눈길을 끌죠.

오래된 크록스 가져가서 10% 할인 받기

크록스는 단순히 편한 신발을 넘어 개성을 표현하는 패션 아이템으로 자리 잡았어요. 나아가 환경 보호와 지속 가능성에도 신경 쓰는 브랜드로 성장 중이죠. 오래된 크록스를 반납하고, 할인을 받아 제품을 구매하는 대화를 볼게요.

★★★★★

Customer	Hi. I brought my old pair of Crocs to get a 10% discount.
손님	안녕하세요. 10% 할인 받으려고 오래된 크록스 가져왔는데요.
Employee	Sure. We'll take those. Whatever you buy today, you get 10% off.
점원	네. 신발 주세요. 오늘 구매하시는 제품은 전부 10% 할인됩니다.
Customer	Great. I'm actually looking for the same kind. Do you have these?
손님	좋네요. 사실은 같은 제품을 찾고 있거든요. 있나요?
Employee	Yep. Follow me.
점원	네. 따라오세요.

(신발들이 진열되어 있는 곳으로 데려간다)

Customer	Thanks. Oh, I have a question. If I buy multiple items, do I still get 10% off on everything?
손님	감사합니다. 아, 질문이 있어요. 여러 가지를 사도 전부 10% 할인인가요?
Employee	Yes. A 10% discount applies to the total amount.
점원	네. 총 금액의 10% 할인이에요.
Customer	I already know what I want. But I was thinking about additional items like Jibbitz.
손님	사고 싶은 제품이 있지만, 추가로 지비츠 같은 것도 더 살까 생각 중이에요.
Employee	You're in luck today. Selected items are 40% off.
점원	오늘 운이 좋으시네요. 일부 지비츠는 40% 할인 중입니다.
Customer	Oh, really? Nice. I'll look at them.
손님	진짜요? 좋네요. 한번 볼게요.
Employee	Let me know if you need help finding anything.
점원	물건 찾는데 도움이 필요하면 알려주세요.

명품 화장품 브랜드가 이끄는 뷰티 셀렉트 스토어

미국에서 고급 화장품 쇼핑을 한다면, 빼놓을 수 없는 곳이 바로 세포라예요. 매장 입구의 블랙 앤 화이트 스트라이프만 봐도 '여긴 세포라구나!' 하고 단번에 알아볼 수 있을 정도로, 브랜드 아이덴티티가 확실하죠. 쇼핑백 역시 같은 스트라이프 패턴이라, 거리를 걷다 보면 세포라에서 쇼핑한 사람들은 눈에 띄게 구별돼요.

세포라는 프랑스의 명품 그룹 LVMH(루이비통 모에 헤네시)가 운영하는 글로벌 뷰티 셀렉트 스토어예요. 샤넬, 랑콤, 디올, 메이크업 포에버처럼 이름만 들어도 알 수 있는 하이엔드 뷰티 브랜드를 한자리에 모아놓은 곳이죠. 여기서 말하는 '하이엔드(high-end)'는 품질이 뛰어나고 가격대가 높은 고급 제품을, 반대로 '로우엔드(low-end)'는 미국 약국에서 몇 달러면 살 수 있는 실용적인 대중 제품을 뜻해요.

하지만 세포라는 단순히 고급스럽기만 한 공간은 아니에요. 리아나의 '펜티 뷰티(Fenty Beauty)', 카일리 제너의 '카일리 뷰티(Kylie Beauty)'처럼 셀럽 브랜드도 함께 입점해 있어, 보다 친근하고 유쾌한 분위기를 만들어 내요. 뷰티 인플루언서들과의 협업도 활발해서, 늘 젊고 세련된 감각을 유지하고 있는 것도 세포라만의 매력이죠.

2025년 기준, 미국 전역에는 약 1,700개의 세포라 매장이 운영되고 있어요. 덕분에 백화점까지 가지 않아도, 일상 속에서 고급 브랜드 화장품을 쉽게 만날 수 있죠. 매장에 들어서면 메이크업, 스킨케어, 헤어케어, 향수까지 카테고리별로 폭넓은 제품군이 눈길을 끌어요. 특히 향수 섹션은 브랜드별로 테스터가 잘 구비돼 있어서, 마음껏 시향하고 비교해 볼 수 있답니다.

미니 사이즈나 샘플러 세트도 다양하게 준비되어 있어, 취향에 맞는 향을 부담 없이 경험해 볼 수 있는 점도 세포라의 큰 매력이에요.

한국에서는 세금 때문에 향수 가격이 꽤 높은 편이지만, 미국에서는 비교적 합리적인 가격으로 구매할 수 있어서 여행 중 세포라에서 향수를 쇼핑하는 분들도 많아요. 다만, 여기서 꼭 기억해야 할 게 있어요. 한국 입국 시 면세 한도는 100ml, 미국 국내선을 탈 경우에도 액체 용기는 100ml(3.4oz) 이하만 기내 반입이 허용돼요. 규정은 바뀔 수 있으니, 구입 전엔 꼭 한 번 확인해 보는 게 좋아요. 괜히 공항 검색대에서 소중한 향수를 버리게 될 수도 있으니까요.

세포라 매장 200% 활용법

세포라의 가장 큰 매력 중 하나는, 직원의 눈치를 보지 않고 자유롭게 제품을 테스트할 수 있다는 점이에요. 백화점에서는 지나치게 친절한 응대가 부담스러울 수 있는데, 세포라 직원들은 "필요하시면 말씀해 주세요.(Let me know if you need anything)" 한마디 정도만 건넨 뒤 자연스럽게 거리를 두기 때문에 훨씬 편안하게 쇼핑할 수 있어요. 그래서 가볍게 베이스 메이크업만 하고 세포라에 와서 풀메이크업을 완성하고 나가는 사람도 있을 정도예요. 하지만 많은 사람들이 왔다 갔다 하면서 테스트하는 샘플이므로 피부 트러블 등 위생상의 문제가 생길 수 있으니 권하지는 않습니다. 그만큼 자유롭고 쿨한 분위기가 세포라만의 특징이죠.

계산대 근처에 가득한 미니 사이즈 제품들을 구경하는 재미도 쏠쏠해요.

여행 중 사용하기에도 딱 좋고, 풀사이즈 가격이 부담스러웠던 제품을 미니 버전으로 만나볼 수 있으니까요. 고급 브랜드가 부담스럽다면, 세포라의 자체 브랜드인 '세포라 컬렉션(Sephora Collection)'도 좋은 선택이에요. 합리적인 가격대에 꽤 괜찮은 품질을 갖춘 제품들이 많아 입문용이나 가성비 제품으로 인기가 많아요. 설화수, 라네즈, 닥터자르트처럼 익숙한 한국 뷰티 브랜드들도 입점해 있어서 세포라 한복판에서 한국 브랜드를 만났을 때 은근한 뿌듯함도 느껴진답니다.

세포라에서는 간단한 메이크업 서비스를 받을 수 있어요. 한국과 스타일이 달라서 풀 메이크업을 추천하지는 않지만, 나에게 어울리는 파운데이션이나 색조 제품을 찾아보고 싶을 때 유용하게 활용할 수 있죠. 메이크업 중

에 마음에 드는 제품이 있으면, 직원이 제품명을 친절하게 알려주기도 하고 원하면 바로 테스트하거나 구매할 수 있도록 도와줘요. 특히 나한테 딱 맞는 파운데이션 컬러를 찾고 싶다면 꼭 한 번 받아 볼 만한 서비스예요.

단, 주의할 점도 있어요. 콜스(Kohl's) 백화점 내에 입점한 세포라 매장에서는 이 서비스가 제공되지 않을 수 있으니, 방문 전 확인은 필수! 예약은 세포라 공식 웹사이트를 통해 쉽게 할 수 있고, 서비스가 끝난 뒤엔 미용실처럼 약 20% 정도의 팁을 주는 게 일반적이에요.

또 하나, 세포라 매장에서 유튜브 촬영 등 영상 콘텐츠 제작을 계획하고 있다면 반드시 사전에 허가를 받아야 해요. 단순히 매장 매니저에게 말하는 걸로는 부족하고, 본사 관련 부서의 정식 승인이 있어야만 촬영이 가능해요. 허가 없이 촬영을 시작하면 직원이 다가와 제지할 수 있으니, 이 점도 꼭 기억해두세요.

세포라에서 향수 구입하기

세포라는 다양한 브랜드의 향수를 직접 시향해볼 수 있어서 평소에 몰랐던 취향도 새롭게 발견할 수 있어요. 평소 좋아하던 향을 기준으로 향수를 추천받는 대화를 볼게요.

★★★★★ 47.mp3

Employee	Welcome to Sephora. Is there anything specific you're looking for today?
점원	세포라에 오신 걸 환영합니다. 찾고 계신 특정 제품이 있나요?
Customer	Yes, I want to buy a perfume, but I'm not sure where to start.
고객	네, 향수를 사고 싶어요. 그런데 어디서부터 시작해야 할지 모르겠네요.
Employee	No problem. Do you have any preferences in mind? Floral, fruity, or musky?
점원	괜찮아요. 선호하는 향이 있나요? 꽃 향, 과일 향, 머스크 향처럼요.
Customer	I like floral scents.
고객	저는 꽃 향을 좋아해요.
Employee	Here's a popular floral fragrance that's light and feminine.
점원	이게 요즘 꽃 향 중에 잘나가요. 가볍고 여성스러운 향이죠.
Customer	(Sniff) It smells lovely. But do you have anything with a hint of citrus as well?
고객	(냄새 맡아봄) 향이 좋네요. 혹시 살짝 상큼한 향이 섞인 것도 있나요?
Employee	Absolutely. Here's another perfume that you might like.
점원	그럼요. 이걸 좋아하실 것 같은데요.
Customer	(Sniff) Oh, I love it! Thank you so much for your help.
고객	(냄새 맡아봄) 오, 좋아요! 도와주셔서 감사합니다.
Employee	You're welcome! Feel free to take your time and test out the scents. Let me know if there's anything else I can assist you with.
점원	천만에요. 다른 향도 천천히 테스트해 보세요. 다른 도움이 필요하시면 언제든 말씀해 주세요.

약국 화장품부터 럭셔리 화장품까지 모인 올인원 뷰티 스토어

미국에서 화장품을 살 수 있는 곳이 많지만, 단 한 곳만 들를 수 있다면 '얼타 뷰티(Ulta Beauty)'를 추천해요. 저렴한 약국 브랜드부터 세포라에서 볼 수 있는 고가 브랜드까지 한곳에 모인 올인원 뷰티 매장이죠. 예를 들어, 엘프(e.l.f), 레브론(REVLON) 같은 약국 브랜드부터 샤넬, 디올 같은 명품 브랜드, 그리고 스킨푸드, 토니모리처럼 익숙한 한국 브랜드까지 모두 갖춰져 있어요. 취급하는 브랜드 수만 해도 약 500개, 제품 수는 무려 2만 개 이상! 그야말로 여기 하나만 가도 화장품 쇼핑을 끝낼 수 있는 곳이죠.

그래서 예산에 맞춰 자유롭게 쇼핑할 수 있는데요. 동일한 브랜드 제품이라면 일반 약국보다 가격이 약간 높지만, 그만큼 제품을 직접 테스트해 볼 수 있고, 직원들도 제품에 대한 이해도가 높아 추천을 잘 해줘서 아깝지 않아요. 약국에서는 테스터도 거의 없고 직원도 뷰티 제품에 익숙하지 않은 경우가 많거든요. 얼타 뷰티는 타겟(Target) 매장 안에 입점한 소형 매장도 많아요. 간단히 둘러보기엔 좋지만, 제대로 쇼핑하고 싶다면 단독 매장에 방문하는 걸 추천드려요.

그리고 빼놓을 수 없는 하이라이트! 얼타 뷰티는 매년 두 차례 '세미 애뉴얼 세일(semi-annual sale)'을 진행하고, 뷰티 마니아들이 특히 손꼽아 기다리는 이벤트가 바로 '21 Days of Beauty'예요. 이 기간 동안 무려 3주간, 매일 다른 인기 제품이 최대 50% 할인되기 때문에 놓치지 말고 일정표를 미리 확인해 두는 게 좋아요. 보통 봄 3월과 가을 8월~9월 사이에 진행해요.

친절한 서비스와 맞춤형 쇼핑 가이드

얼타 뷰티 매장은 입구 가까이에 향수와 하이엔드 화장품 코너가 배치되어 있어서, 전반적인 분위기가 약국보다는 세포라와 훨씬 더 비슷하게 느껴져요. 실제로 얼타 뷰티는 미국 내에서 세포라의 가장 강력한 경쟁자로 꼽히는 브랜드이기도 하죠.

얼타 뷰티 역시 자유롭고 편안한 쇼핑 환경이 장점인데요. 직원이 손님을 따라다니며 부담을 주는 일이 거의 없어요. 대신 직원에게 도움을 요청하면 대체로 친절하고 자세히 알려줘요. 피부 톤이나 취향에 맞는 제품도 추천받을 수 있습니다.

한국에서는 파운데이션이 보통 3~5가지 정도의 호수만 있지만, 미국에선 브랜드에 따라 30~40가지 이상이 준비돼 있죠. 예를 들어 맥(MAC)은 무려 63가지 쉐이드의 파운데이션을 갖추고 있어, 처음 보면 깜짝 놀라기도 해요. 파운데이션을 고를 땐 너무 많은 선택지에 당황할 수 있으니, 직원에게 도움을 요청해 보세요. 내 피부 톤에 꼭 맞는 제품을 훨씬 쉽게 찾을 수 있을 거예요. 참고로, 메이크업 색상은 'color'보다 'shade'라는 표현을 더 자주 써요. 예를 들어 foundation shades(파운데이션 색상), lipstick shades(립스틱 컬러), eyeshadow shades(아이섀도 색상)이라고 하죠. 그리고 우리에게 익숙한 화장품 용어도 영어권에서는 다르게 표현해요. 마스크팩은 sheet mask(s), 선크림은 sunblock 또는 sunscreen, 에센스는 serum이라고 표현해요.

얼타 뷰티 매장에는 미니 사이즈 화장품도 다양하게 준비돼 있어서 여행 중 필요한 아이템을 간편하게 구매하기 좋아요. 얼타 뷰티 컬렉션(ULTA

Beauty Collection)이라는 자체 브랜드 제품도 꼭 한 번 살펴보세요. 합리적인 가격에 품질 좋은 메이크업 제품을 만날 수 있는 알짜 라인이에요.

파운데이션 색상 고르기

파운데이션을 고를 때는 내 피부 톤에 딱 맞는 색상을 찾는 게 중요하죠. 특히 미국처럼 종류가 많은 곳에서는요. 매장에서 점원과 함께 직접 테스트해 보며 어울리는 색을 고르는 대화를 볼게요. 한국에서 쓰던 색이 있더라도 미국에 간다면 경험 삼아 파운데이션 색상을 추천받아 보세요.

★★★★★

Customer 손님	**Hi. I'm looking for a foundation shade for my skin tone. There are like 50 shades.** 안녕하세요. 제 피부 톤에 맞는 파운데이션을 찾고 있는데요. 색상이 50개 정도 되네요.
Employee 점원	**Let me see. This shade would go well with your skin tone.** 어디 볼까요? 이 색이 잘 어울릴 것 같아요.
Customer 손님	**I see. Let me try it on my hand.** 그렇군요. 손에 테스트해 볼게요.
Employee 점원	**Actually, it's best to try it on the area between your face and neckline.** 사실은 얼굴과 목 라인 사이에 테스트하는 게 제일 좋아요.
Customer 손님	**Oh, I didn't know. These 2 shades look pretty similar. What's the difference?** 아, 몰랐어요. 이 두 색은 거의 비슷해 보이네요. 차이점이 뭔가요?
Employee 점원	**This one has a yellow undertone and the other one has a pink undertone.** 이건 노란색이 좀 더 섞여 있고, 저건 핑크 빛이 돌아요.
Customer 손님	**Then which one would suit me better?** 그럼 어떤 게 저에게 더 잘 어울릴까요?
Employee 점원	**Since your skin tone is yellow, the foundation with a yellow undertone would be the better match.** 손님 피부색이 노란 톤이니까, 노란색이 섞여 있는 게 더 잘 어울릴 거예요.
Customer 손님	**Great. Thank you so much for your help.** 좋아요. 도와주셔서 정말 감사합니다.

미국의 국민 바디템

미국에서 가장 많이 팔리는 바디케어 브랜드, 바로 배쓰 앤 바디 웍스(Bath & Body Works)입니다. 하루 평균 약 74만 명이 매장을 방문한다는 통계가 있을 정도로, 그야말로 미국의 국민 바디 브랜드라고 해도 과언이 아니죠. 전 세계적으로 인기를 끌던 더 바디샵(The Body Shop)조차 미국 시장에서는 이 브랜드에 밀려 전면 철수했을 정도니까요. 국내에서도 입점을 오래 기다려 온 팬들이 많았는데, 2024년 신세계 강남점에 한국 1호 매장이 문을 열었어요. 아직 미국만큼 제품이 다양하지 않고, 접근성도 좋지 않아 직구로 제품을 구매하는 사람들도 여전히 많습니다.

미국에서는 대형 복합 쇼핑몰 어디서든 쉽게 배쓰 앤 바디 웍스를 만날 수 있어요. 매장에 들어서면 화사한 조명과 달콤한 향기, 그리고 알록달록한 패키지의 샤워 젤, 바디 로션, 핸드솝, 향초들이 시선을 사로잡습니다. 제품 구성이 워낙 다양하고, 매달 새로운 향이 출시돼 100가지가 넘는 향을 경험할 수 있다는 점도 배쓰 앤 바디 웍스를 더욱 특별하게 만들어줘요. 매장 한쪽에는 손 씻을 수 있는 작은 싱크대가 마련되어 있어서 핸드워시나 로션을 직접 테스트해 볼 수도 있어요. 자유롭게 테스트해 보는 분위기라 직원 눈치도 전혀 보이지 않죠. 단점이라면 한 번 들어가면 빈손으로 나오기 정말 어렵다는 점일지도요.

'Smell'은 좋은 냄새든 나쁜 냄새든 모두 포함하는 중립적인 표현인 반면, 'fragrance'는 좀 더 우아하고 향기로운 느낌을 강조하는 단어예요. 그래서 세포라나 얼타 뷰티 같은 미국 뷰티 쇼핑몰에서 향수를 찾고 싶다면, 'Fragrance' 카테고리를 클릭하면 원하는 제품들을 쉽게 찾을 수 있어요.

시즌 한정 제품과 숨은 추천템

배쓰 앤 바디 웍스는 매년 약 200가지의 새로운 향을 선보이기 때문에, 그만큼 단종되는 향도 많아요. 오이 & 멜론(Cucumber & Melon) 향도 단종되었다가 팬들의 요청으로 한정 재출시된 적이 있었어요. 자주 방문할수록 새로운 향을 만날 수 있다는 점은 좋지만, 선택지가 워낙 많아 하나씩 향을 맡다 보면 코가 살짝 마비되는 느낌이 들기도 해요.

배쓰 앤 바디 웍스의 향은 전반적으로 강한 편이라 은은한 향이나 무향을 선호하는 분들에겐 조금 부담스러울 수 있어요. 손을 씻은 후 잔향을 기대한다면 포밍 핸드솝(Foaming Hand Soap)을 추천해요. 디스펜서를 누르면 풍성한 거품이 나와서 손 씻는 기분이 좋아지고, 손이 덜 건조하다는 점이 인기 비결이죠. 포밍 핸드솝의 정가는 비싼 편인 대신, **Mix & Match** 5개에 $27 같은 할인 이벤트가 자주 열려요. 행사 구성은 그때그때 다르지만, 보통 개당 2~3달러씩 저렴하게 살 수 있어요. 참고로 이때 5개 이상만 구매하면 할인 가격이 적용되기 때문에 꼭 5개나 10개처럼 배수로 맞추지 않아도 됩니다.

배쓰 앤 바디 웍스에는 선물하기 좋은 아이템이 정말 많아요. 특히 시즌 한정 제품은 꼭 눈여겨 보세요. 이스터, 핼러윈, 크리스마스 같은 특정 시즌에만 출시되는 한정판 패키지는 디자인도 예쁘고 소장 가치도 높아 선물용으로 인기가 정말 많아요. 가볍게 선물하고 싶다면 미니 핸드크림, 바디 미스트, 손 세정제(PocketBac)처럼 작고 가벼운 제품들이 딱이에요. 가격 부담도 적고, 여행 가방에 쏙 들어가는 사이즈라 기념품으로 제격이죠.

직원에게 기념품 추천받기

제품 종류가 너무 다양해서 무엇을 골라야 할지 고민될 때는 베스트 셀러를 고르는 것도 좋은 방법이에요. 직원에게 친구들에게 줄 기념품을 추천받는 대화를 살펴볼게요.

★★★★★

Customer	Hi. I'm looking for souvenirs for my friends in South Korea. But I don't want anything heavy or bulky. Do you have any suggestions?
손님	안녕하세요. 한국에 있는 친구들에게 줄 기념품을 찾고 있어요. 무겁거나 부피가 크지 않았으면 하는데요. 추천해주실 수 있나요?
Employee	Of course. How about our travel-sized body lotions or hand creams?
점원	그럼요. 여행용 사이즈의 바디로션이나 핸드크림은 어떠세요?
Customer	That sounds like a great idea. Which scents are popular?
손님	좋은 생각 같네요. 어떤 향이 인기가 많나요?
Employee	Our 'A Thousand Wishes' and 'Sweet Pea' are the most popular scents.
점원	A Thousand Wishes와 Sweet Pea 향이 제일 인기 많아요.
Customer	Those sound great. Do you have any other recommendations?
손님	좋은데요. 또 추천해주실 제품이 있나요?
Employee	Our pocket-sized hand sanitizers are also great options. They come in a variety of scents and designs.
점원	주머니에 쏙 들어가는 손 세정제도 좋아요. 다양한 향과 디자인이 있어요.
Customer	Perfect. I want to buy some for myself as well.
손님	좋아요. 제 것도 사고 싶네요.
Employee	Wonderful choice. Is there anything else I can assist you with?
점원	탁월한 선택이에요. 더 도와드릴 게 있나요?
Customer	I'll keep looking around. Thank you so much for your help.
손님	계속 둘러볼게요. 도와주셔서 정말 감사합니다.

Employee	You're very welcome. If you have any other questions or need further assistance, don't hesitate to ask.	
점원	천만에요. 또 궁금하신 점이나 도와드릴 일이 있으면 망설이지 말고 물어보세요.	
Customer	Thank you!	
손님	감사합니다!	

도심 속 브랜드 보물찾기

미국에서는 쉽게 브랜드 제품을 할인된 가격에 구매할 수 있습니다. 곳곳에 대규모 아울렛이 있고, 인기 브랜드 제품을 저렴하게 판매하는 전문 매장도 많기 때문이죠. 다만, 아울렛은 대부분 교외에 있어서 여행 일정이 빡빡하다면 동선을 짜기 어려울 수 있죠. 이럴 땐 티제이 맥스와 다음에 소개할 노드스트롬 랙(Nordstrom Rack)을 추천해요. 도심에서도 쉽게 찾을 수 있고, 한국인이 선호하는 다양한 브랜드가 저렴한 편이에요.

티제이 맥스는 전 세계 100여 개국, 2만 1천여 개의 판매처로부터 상품을 직접 구매해 유통 마진을 줄이고, 반품하지 않는 조건으로 들여오기 때문에 가격 경쟁력이 뛰어나요. 단순히 저렴한 것만 판매하는 것이 아니라 인기 브랜드와 품질 좋은 상품 위주로 엄선해 팔고 있어요. 특히 의류 상품은 시즌이 지난 재고보다 최신 트렌드를 반영한 제품을 주로 들여옵니다. 티제이 맥스를 운영하는 TJX 컴퍼니는 이 외에도 마셜즈(Marshalls)와 홈굿즈(HomeGoods)라는 매장을 함께 운영하고 있습니다. 마셜즈는 티제이 맥스와 비슷한 형태의 브랜드 할인 매장이고, 홈굿즈는 인테리어 소품이나 주방용품 등 생활용품을 합리적인 가격에 판매하는 매장이에요. 세 매장 중 한 곳에서 구매한 기프트 카드는 세 곳에서 모두 사용할 수 있어요. 그래서 생일이나 크리스마스 선물로도 제격이죠.

패션부터 화장품까지, 기분 좋은 보물 찾기

티제이 맥스에는 디자인마다 소량 입고되기 때문에, 일반 의류 매장에 비해 사이즈 선택의 폭이 넓지 않은 편이에요. 그래서 '살까 말까' 망설이다 다음에 다시 찾았을 때는 이미 품절되는 경우가 많아요. 매주 수천 가지의 신상

품이 입고되기 때문에, 일주일만 지나도 매장의 물건들이 확 바뀌어요. 그래서 마음에 드는 물건을 발견하면 일단 카트에 담는 사람이 많습니다. 쇼핑 계획 없이 가볍게 둘러보러 왔다가 빈손으로 나오기 어려운 이유죠.
쇼핑할 때는 특히 빨간 택과 노란 택이 붙은 제품을 눈여겨보세요. 빨간 택은 추가로 할인된 제품, 노란 택은 가격이 크게 내려간 '떨이 상품'을 의미합니다. 운 좋게 원하는 제품에 이런 택이 붙어 있으면 말도 안되는 가격으로 '득템'을 할 수 있어 쇼핑하는 재미가 배가 됩니다.

티제이 맥스는 반품 정책이 잘 되어 있어 영수증만 있으면 30일 이내에 반품할 수 있어요. 30일이 지난 경우에는 교환이나 스토어 크레딧(기프트 카드) 형태로 처리해 주기 때문에 부담 없이 쇼핑할 수 있습니다.
주얼리 코너에서는 스털링 실버(Sterling Silver), 골드 액세서리, 파슬(Fossil) 같은 패션 브랜드 시계를 만나볼 수 있어요. 귀금속이나 고급 시계류는 유리 진열장 안에 전시되어 있으니, 직접 착용해 보고 싶다면 직원에게 요청해야 합니다.

화장품 코너도 놓치기 아까운 곳인데 한국 화장품도 종종 발견할 수 있어요. 입고되는 브랜드나 제품군이 매번 달라서, 갈 때마다 작은 서프라이즈가 기다리고 있죠. 폼 클렌징, 에센스, 크림 등 다양한 제품이 들어오는데, 가격은 한국보다 저렴한 경우도 있으니 미국에서 한국 화장품을 골라 사는 재미를 누려보세요.

특히 12월 크리스마스 시즌에 미국을 방문한다면 티제이 맥스는 꼭 가보세요. 미국은 연말에 선물을 주고받는 문화가 있어서, 이 시기 매장에는 선물하기 좋은 예쁜 제품들이 평소보다 많이 입고되니까요.

보안 장치가 걸려있는 디자이너 백 착용해 보기

티제이 맥스의 가방 코너에서는 마이클 코어스(Michael Kors), 케이트 스페이드(Kate Spade) 같은 인기 있는 디자이너 브랜드 가방을 합리적인 가격에 만날 수 있어요. 가격대가 수십만 원에 이르다 보니, 매장에서는 도난 방지를 위해 가방에 보안 장치를 부착해둬요. 가방을 직접 들어 보고 싶다면 직원에게 도움을 요청하면 됩니다. 도움을 요청해 마음에 드는 가방을 착용해 보는 대화를 살펴볼게요.

★★★★★　　　　　　　　　　　　　50.mp3

Customer	I want to try on some designer bags, but they're tied to the security devices.
손님	디자이너 백을 메어 보고 싶은데, 보안 장치에 묶여 있네요.
Employee	I can help you with that. I'd be happy to unlock any of them for you so you can get a better look and try them on.
점원	제가 도와드릴 수 있어요. 원하시는 가방을 말씀해 주시면 보안 장치를 열어서 메어 볼 수 있도록 해드릴게요.
Customer	Great, thank you. I am especially interested in this Michael Kors bag.
손님	좋아요. 감사합니다. 저는 특히 이 마이클 코어스 가방에 관심이 있어요.
Employee	Good choice. That's a popular one. Let me unlock it for you.
점원	좋은 선택이시네요. 인기가 많은 제품이에요. 열어드릴게요.

(직원이 가방을 보여준다)

Customer	Thanks. This is nice. Is there a mirror nearby?
손님	감사합니다. 마음에 드네요. 근처에 거울이 있나요?
Employee	Right over there. Feel free to take a look and see how it fits.
점원	저쪽에 있어요. 살펴보시고 착용도 해보세요.

(손님이 거울을 본다)

Customer	I like it. But do you have different colors?
손님	마음에 들어요. 혹시 다른 색상도 있나요?
Employee	What you see is all we got. But we receive frequent shipment, so it's worth checking back if you're looking for something different.
점원	지금 보는 게 전부예요. 그렇지만 신상품이 자주 입고되니까, 다른 걸 원하시면 나중에 다시

	와서 체크해 보세요.
Customer	That's fine. How is the return policy, just in case I change my mind?
손님	괜찮아요. 혹시 마음이 바뀌면 반품 정책은 어떻게 되나요?
Employee	You have a 30-day return window with the original receipt. As long as the bag is in its original condition and has the tags attached, you'll be able to return it for a full refund.
점원	영수증을 지참하시고 30일 이내에 오시면 돼요. 가방은 구입할 때와 같은 상태로 택이 붙어 있으면 전액 환불해드립니다.
Customer	Good to know. Thanks.
손님	잘 알겠어요. 감사합니다.

티제이 맥스에서는 다양한 브랜드 제품들을 '보물찾기' 하듯 쇼핑하는 재미가 있다면, 노드스트롬 랙은 노드스트롬 백화점의 제품을 보다 합리적인 가격으로 구매할 수 있는 곳이에요. 시애틀 다운타운에 위치한 노드스트롬 백화점 지하에서 시즌 지난 상품을 할인 판매하던 것이 큰 인기를 끌면서, 1983년 독립된 지상 매장이 처음 문을 열었어요. 이후 꾸준히 확장해, 지금은 미국 주요 도시를 중심으로 다양한 지역에 매장을 운영하고 있습니다.

노드스트롬 랙에서는 노드스트롬 백화점의 이월 상품을 중심으로 판매하지만, 일부 브랜드는 이 매장을 위한 전용 라인도 별도로 제작합니다. 매장 문을 열고 들어가면 진열대마다 다양한 제품이 빼곡히 채워져 있어요. 정가에서 최대 70%까지 할인된 제품을 보면 '이 브랜드가 이 가격에?' 하고 놀라는 순간이 종종 있어요. 신상품도 매일 입고되기 때문에, 방문할 때마다 색다른 발견이 있는 것도 매력이죠.

전반적인 분위기는 티제이 맥스와 비슷하지만, 노드스트롬 랙은 디자이너 브랜드의 비중이 더 높고, 제품 품질도 더 좋아요. 같은 브랜드 의류라도 티제이 맥스에서는 가격이 저렴한 만큼 바느질이나 마감이 아쉬운 경우가 종종 있어요. 반면 노드스트롬 랙에서는 백화점에서 직접 이월 된 정규 라인업 제품이 많아, 상대적으로 마감이 더 꼼꼼한 편이에요.

한국보다 훨씬 다양한 미국의 신발 사이즈

티제이 맥스가 상의·하의처럼 카테고리별로 제품을 진열하는 방식이라면,

노드스트롬 랙은 브랜드별로 상품을 모아놓는 구성을 택하고 있어요. 평소에 좋아하는 브랜드가 있다면 쇼핑이 한결 수월합니다. 특히 신발 코너는 티제이 맥스, 마셜즈(Marshalls), 로스(Ross) 등 다른 할인 매장에 비해 규모가 큰 편이에요. 백화점 브랜드 신발이 사이즈별로 잘 정리돼 있어, 직접 신어보고 발에 맞는 제품을 고를 수 있습니다.

한국에서는 많은 패션 브랜드가 여성 신발을 대체로 250mm까지 만들지만, 미국에서는 훨씬 다양한 사이즈를 취급해요. 노드스트롬 랙에는 사이즈 4부터 11까지, 한국 기준으로 보면 210부터 280까지 다양한 사이즈가 준비되어 있어요. 참고로 한국 여성화 기준 250mm는 미국 사이즈 8, 245는 7.5, 255는 8.5로 계산하면 됩니다. 0.5 단위로 구분되어 있어요.

매장 앞쪽에 위치한 선글라스 코너도 인기가 많아요. 레이밴(Ray-Ban), 톰 포드(Tom Ford) 등 디자이너 브랜드 제품의 가격이 합리적이에요. 한국 백화점에 입점되어 있는 디자이너 브랜드의 가방들도 다양하게 판매하는데, 유행보다는 브랜드와 퀄리티를 중시하는 분이라면, 노드스트롬 쇼핑이 만족스러울 겁니다.

신발 사이즈가 없을 때

신발을 고르다가 마음에 드는 제품을 발견했는데, 아쉽게도 원하는 사이즈가 없을 때가 있어요. 그럴 때는 직원에게 도움을 요청해보세요. 진열된 상품 외에도 재고가 더 있는 경우가 있고, 인터넷 쇼핑몰에서 타 매장의 재고 확인이 가능하기 때문에 온라인으로 주문하고 픽업하러 갈 수도 있습니다. 매장에 없는 신발 사이즈를 요청하는 대화를 볼게요.

★★★★★ 51.mp3

Customer	Excuse me, do you have these shoes in size 8.5? My size is 8, but these are a little tight for me.
손님	저기요, 이 신발 8.5 사이즈 있나요? 제 사이즈는 8인데, 좀 타이트하네요.
Employee	Have you looked for them from size 8.5 racks?
점원	8.5 사이즈 선반에서 찾아보셨나요?
Customer	I already did.
손님	벌써 찾아봤어요.
Employee	We got shipments this morning and not everything is out yet. Let me check. It will take a few minutes.
점원	오늘 아침에 물건들이 들어왔는데 아직 전부 진열되진 않았어요. 확인해 볼게요. 몇 분 정도 걸릴 수 있어요.
Customer	No problem. I can wait.
손님	괜찮아요. 기다릴게요.

(직원이 재고 확인 후 돌아온다)

Employee	Good news. I found a size 8.5! Hopefully, these fit better.
점원	좋은 소식이 있어요. 8.5 사이즈를 찾았어요! 더 잘 맞았으면 좋겠네요.
Customer	Great. These are perfect.
손님	좋네요. 완전 잘 맞아요.
Employee	I'm glad we had them in stock! Let me know if you need any other help with your purchase.
점원	재고가 있어서 다행이네요. 구매 관련해서 도움이 필요하시면 언제든지 말씀하세요.
Customer	I'm good. I'll take these. Thank you.
손님	괜찮아요. 이걸로 살게요. 감사합니다.

Books, Sports & Wine

스포츠용품 | 딕스 | 골프 갤럭시 | 룰루레몬
서점 & 장난감 | 반스 앤 노블 | 북스 어 밀리언 | 레고 스토어
와인 | 토탈 와인 앤 모어

딕스 스포팅 굿즈(DICK'S Sporting Goods)는 미국 전역에 약 800개의 매장을 보유한 미국 최대의 스포츠용품 전문점이에요. '스포츠용품은 딕스'라는 공식이 자연스러울 만큼 미국인들 사이에서 브랜드 인지도와 신뢰도가 매우 높은 곳이죠.

딕스의 탄생 배경도 꽤 흥미로워요. 1948년, 당시 18살이던 리처드 스택(Richard Stack)은 자신이 일하던 가게에서 사업 아이디어를 제안했지만 주인에게 "멍청한 녀석"이라는 핀잔만 들었어요. 결국 그는 일을 그만두고, 할머니에게 300달러를 받아 작은 낚시용품점을 열었는데, 그게 바로 딕스 스포팅 굿즈의 시작이었죠. 참고로, '딕(Dick)'은 리처드(Richard)의 애칭인데요, 영어권에서는 이 단어가 비속어로 '재수 없는 놈' 혹은 남성의 성기를 뜻하기도 해서 한 번 보면 잊기 힘든 브랜드 이름이기도 하죠. 덕분에 사람들의 머리 속에 더 잘 각인이 되었나 봐요.

딕스 스포팅 굿즈는 빠른 성장세를 이어가며 골프 전문 브랜드 '골프 갤럭시(Golf Galaxy)'를 인수하는 등 사업 영역도 점점 넓혀갔어요. 창업자 리처드 스택은 회사를 성공적으로 이끈 후 가족에게 경영권을 넘겼고, 현재는 그의 아들이 CEO이자 회장직을 맡고 있어요. 가업을 이어가는 브랜드라는 점도 미국인들에게 신뢰감을 주는 요소죠. 딕스는 자체 재단(DICK'S Foundation)을 통해 아이들이 다양한 스포츠를 접할 수 있도록 지원하고, 허리케인 등 자연재해로 파손된 스포츠 시설의 복구에도 기부를 아끼지 않아요. 이런 노력 덕분에, 딕스는 단순한 스포츠 매장을 넘어 '사회적 책임을 실천하는 브랜드'로 자리매김하고 있죠.

쇼핑도, 둘러보는 재미도 가득한 스포츠 천국

딕스 매장에 들어서면 나이키, 언더아머, 아디다스, 오클리 등 누구나 아는 인기 브랜드들이 한눈에 들어옵니다. 취급하는 브랜드와 카테고리가 워낙 다양해 운동을 즐기는 사람이라면 누구나 반길 만한 곳이에요. 오프라인 매장뿐 아니라 온라인 환경도 매우 잘 갖춰져 있어서 여행 중에는 웹사이트나 앱을 통해 제품 재고나 입점 브랜드를 미리 확인해 두면 쇼핑이 한결 수월해져요.
미국 현지에서 '스포츠용품 좀 사볼까?' 싶다면, 딕스는 거의 정답 같은 곳이랍니다.

딕스의 오프라인 매장에 처음 들어서면 가장 먼저 놀라는 건 바로 그 어마

어마한 규모예요. 미국 여행 중 처음 들른 분들은 '이렇게 큰 스포츠 매장은 처음 봤다!'며 작은 문화 충격을 받기도 하죠. 어디서부터 둘러봐야 할지 막막할 때는 직원에게 원하는 제품을 말해 보세요. 매장 곳곳에 상주하는 직원들이 친절하고 적극적으로 도와줘요. 딕스에서는 달리기, 수영, 야구, 농구 같은 메이저 스포츠용품은 물론 홈트레이닝을 위한 헬스 기구, 단백질 보충제 같은 피트니스 보조제까지 정말 다양한 제품을 만날 수 있어요.

참고로 한국에서 흔히 말하는 '러닝머신'은 콩글리시예요. 미국에서는 '트레드밀(treadmill)'이라고 부른답니다. 골프용품도 어느 정도 갖춰져 있지만 더 전문적인 라인업을 보고 싶다면 다음에 소개할 골프 갤럭시(Golf Galaxy) 매장을 방문해 보세요. 딕스가 골프 갤럭시를 인수했기 때문에 두 브랜드는 긴밀하게 연결돼 있답니다.

딕스 매장 안에서 눈에 띄는 또 하나의 공간은 바로 신발 코너예요. 운동화, 러닝화, 트레이닝화까지 다양한 브랜드의 신발을 직접 신어보고 비교할 수 있어요. 사이즈가 안 맞는다면 직원에게 "Do you have this in a different size?" 정도로 부탁하면 기꺼이 다른 사이즈를 가져다줘요. 의류 코너도 컬러풀하고 다채로운 분위기로 시선을 사로잡아요. 무지개를 연상시키는 다양한 색부터 형광색, 뉴트럴 톤까지 없는 색이 없고, 스타일도 기능도 모두 갖춘 스포츠웨어가 가득해요.
스포츠 관련 용품 중에 여기서 안 파는 게 있긴 할까? 싶을 정도로 품목이 무궁무진하죠.

딕스 스포팅 굿즈는 단순히 운동용품만 파는 곳이 아니에요. 캠핑 의자,

아이스박스(cooler), 포터블 화로, 비치 타월, 모래놀이 세트 등 야외 캠핑 활동에 필요한 아이템들도 정말 다양하게 준비되어 있어요. 심지어 스포츠 음료나 육포 같은 간단한 간식도 매장에서 바로 구입할 수 있어요. 매장을 구경하다 보면 과일 향이 나는 마우스가드(마우스피스) 같은 신기한 제품들도 종종 볼 수 있어요.

걷기 편한 신발 구입하기

운동 관련 용품이 필요하다면 주저없이 딕스 스포팅 굿즈로 가면 필요한 걸 바로 찾을 수 있을 거예요. 매장에 방문해서 원하는 조건을 얘기하고, 발 사이즈에 맞는 신발을 추천받는 대화를 볼게요.

★★★★★

Customer	I'm looking for a pair of comfortable walking shoes. I'm traveling and walking a lot.
손님	걷기 편한 신발을 찾고 있어요. 여행하면서 많이 걷고 있거든요.
Employee	Do you have any particular brands in mind?
점원	특별히 생각하고 계시는 브랜드가 있나요?
Customer	Not really. I just want something lightweight and comfortable.
손님	아뇨. 그냥 가볍고 편한 신발이면 돼요.
Employee	Got it. For walking and travel, brands like Brooks, New Balance, and Skechers are popular.
점원	알겠습니다. 걷기와 여행용으로는 브룩스, 뉴발란스, 스케쳐스 같은 브랜드가 인기가 많아요.

Customer 손님	Great. My size is 8. 좋네요. 제 사이즈는 8이에요. (인터넷에서 미국 신발 사이즈표를 검색하면 쉽게 찾을 수 있다)	
Employee 점원	I'll grab a few options for you to try in 8. 사이즈 8 신발을 신어 보실 수 있도록 몇 개 가져올게요.	
	(점원이 가져온 신발 여러 개를 신어 본다)	
Employee 점원	Which one do you like? 어떤 게 마음에 드세요?	
Customer 손님	Skechers shoes are super comfortable. 스케쳐스 신발이 엄청 편하네요.	
Employee 점원	Yeah, I like Skechers too. 맞아요, 저도 스케쳐스를 좋아해요.	
Customer 손님	Thank you so much for helping me find a good pair of walking shoes. 걷기 편한 신발을 고르는 데 도움을 줘서 정말 감사합니다.	
Employee 점원	My pleasure. 제 할 일인걸요.	

미국의 골프 열풍을 이끄는 골프 스토어

최근 미국에서는 골프가 빠르게 대중 스포츠로 자리 잡고 있어요. 과거에는 주로 중장년층 백인 남성의 전유물처럼 여겨졌지만, 지금은 젊은 세대는 물론 여성과 다양한 인종의 사람들이 골프를 일상적인 취미로 즐기고 있죠. 미국 인구의 약 30%가 '한 번쯤 골프채를 쥐어 본 적 있다'는 통계가 있을 정도로 골프는 미국인의 일상 가까이에 있는 스포츠가 되었어요.

미국은 땅이 넓고 잔디 관리가 잘 된 지역이 많아 골프장을 만들기에도 최적의 조건을 갖추고 있어요. 실제로 도로에서 골프 카트를 타고 이동하는 모습도 흔히 볼 수 있는데, 플로리다처럼 일부 주에서는 운전면허만 있으면 특정 구역 내에서 카트 운전이 가능하답니다.
게다가, 실내 놀이공간이나 테마형 키즈존에도 미니 골프장이 자주 마련되어 있어, 아이들이 자연스럽게 골프를 접하고 어릴 때부터 부모와 함께 부담 없이 즐길 수 있는 문화가 정착되고 있어요. 이처럼 골프에 대한 관심이 점점 커지면서 골프용품 수요도 함께 급증하고 있고 그에 따라 전문 매장의 역할도 더욱 중요해졌죠.

골프 갤럭시(Golf Galaxy)는 미국에서 가장 잘 알려진 골프 전문 매장 중 하나예요. 앞서 소개한 딕스 스포팅 굿즈(DICK'S Sporting Goods)가 소유하고 있는 브랜드로, 딕스에서도 골프용품을 만나 볼 수 있지만 골프 갤럭시는 이름 그대로 골프에 특화된 공간이랍니다.

골프에 관한 모든 것이 한자리에
매장에 들어서면 가장 먼저 탁 트인 공간과 끝없이 펼쳐진 골프용품의 스케

일에 눈이 휘둥그레져요. 골프 의류, 모자, 장갑, 가방 등은 물론이고 처음 보는 생소한 액세서리들까지 다양하게 진열돼 있어 초보자도, 전문가도 충분히 만족할 수 있는 구성이에요. 특히 매장 한쪽에는 실제 골프채를 들고 플레이할 수 있는 시뮬레이터 공간이 마련되어 있어요. 인조잔디 위에서 스윙을 하면 앞쪽 대형 스크린에 다양한 골프 코스가 펼쳐지면서 실감 나는 체험이 가능하죠. 또한 나에게 꼭 맞는 클럽을 추천해 주는 피팅 서비스, 전문가에게 배우는 골프 레슨도 제공돼요. 이런 서비스는 유료지만 웹사이트에서 사전 예약이 가능하고, 처음 골프를 시작하는 분이나 장비 선택에 고민이 많은 분들에게 특히 추천해요.

골프의 핵심인 골프채 역시 신제품부터 상태 좋은 중고 제품까지 다양하게

구비되어 있어요. 특히 중고 골프채는 'Pre-owned golf club'이라고 부르는데요. 이 표현은 말 그대로 '이전에 누군가가 소유했던', 즉 중고라는 의미예요. 비슷한 표현으로는 secondhand도 자주 쓰여요. 직역하면 '두 번째 손을 거친 물건'이란 뜻인데, 첫 번째 사용자의 손을 지나 두 번째 사람에게 넘어왔다는 의미에서 중고 물품을 뜻하는 단어가 되었죠. 신품보다 훨씬 합리적인 가격으로 구입할 수 있어서, 초보자나 입문용 클럽을 찾는 분들에게는 **pre-owned** 제품도 좋은 선택지가 될 수 있어요.

골프 갤럭시에서는 골프 의류도 선택의 폭이 매우 넓어요. 깔끔한 디자인에 고급스러운 컬러감까지 갖춰 일상복으로도 손색없는 스타일이 많고, 땀이 잘 마르는 기능성 소재 덕분에 여름철에도 쾌적하게 입을 수 있어요. 골프용품뿐 아니라 야외 활동에 필요한 아이템들도 다양하게 갖춰져 있어요. 보온·보냉 텀블러, 간단한 간식, 자외선 차단제, 벌레 퇴치제 등 캠핑이나 골프 외 야외 여행을 준비하는 사람들에게도 유용한 쇼핑 장소죠.
대부분의 골프 갤럭시 매장은 오전 9시에 문을 여는데 지점마다 운영 시간이 다를 수 있으니 미리 확인하고 방문하세요.

중고 골프채 구입하기

골프 갤럭시 매장에는 브랜드별로 중고 골프채가 잘 정리돼 있어서 비교해 보기 좋아요. 잘만 고르면 거의 새것 같은 골프채를 '득템'할 수도 있답니다. 매장에서 중고 골프채를 사면서 조건을 묻는 대화를 볼게요.

★★★★★

Customer	I'm looking to pick up a few clubs. I play recreationally, so I don't want them to be too expensive, but I'd like something decent.
손님	골프채를 몇 개 사고 싶은데요. 취미로 치는 편이라 너무 비싸지 않지만 품질이 괜찮은 걸로요.
Employee	Got it. Are you looking for any specific clubs?
점원	그렇군요. 특별히 찾고 계신 종류가 있나요?
Customer	Yeah, I need a driver, a wedge, and a putter.
손님	네. 드라이버, 웨지, 퍼터가 필요해요.
Employee	For a recreational player, I recommend mid-range clubs. I'll show you a few.
점원	취미용으로는 중간 가격대 제품이 적당할 것 같아요. 몇 가지 보여드릴게요.

(골프채를 살펴보았으나 가격이 비싸 마음에 들지 않는다)

Customer	I saw pre-owned golf clubs over there. Can I have a look at them?
손님	저쪽에서 중고 골프채를 봤는데요. 구경해봐도 될까요?
Employee	Of course. We have a great selection of pre-owned clubs that are in excellent condition.
점원	그럼요. 상태 좋은 중고 골프채들이 다양하게 준비되어 있어요.
Customer	If I change my mind after buying them, what are my options?
손님	혹시 사고 나서 마음이 바뀌면 어떻게 하죠?
Employee	We offer a seven-day exchange only policy on pre-owned clubs returned in the same condition as sold. Customers must present the original sales receipt.
점원	중고 골프채는 7일 이내 동일한 상태로 가져오시면 교환만 가능해요. 영수증도 꼭 지참해 주셔야 합니다.

Customer	I see. I'll take a look. It may take some time.
손님	그렇군요. 좀 둘러볼게요. 시간이 좀 걸릴지도 몰라요.
Employee	No problem. Don't hesitate to ask if you have any questions.
점원	문제 없어요. 궁금한 점 있으시면 망설이지 말고 물어보세요.

소장하고 싶은 프리미엄 운동복

룰루레몬은 캐나다의 요가 전문가 칩 윌슨(Chip Wilson)이 만든 요가복 전문 브랜드예요. 캐나다에 약 70개의 매장이 있지만, 2025년 기준 미국에만 450개가 넘는 매장을 운영하고 있어 종종 미국 브랜드로 오해받기도 하죠.

브랜드 초기, 윌슨은 타겟 고객상을 '억대 연봉의 32세 전문직 여성'으로 잡았어요. 자기관리에 철저하고, 패션 감각이 뛰어나며 하루 한 시간 반씩 운동하는 라이프스타일을 가진 이들이었죠. 뛰어난 품질과 디자인을 가진 제품을 선보이면 높은 가격에도 기꺼이 지갑을 열 거라고 확신했어요. 그 전략은 제대로 적중해 큰 인기를 얻게 되었는데요. 룰루레몬은 다양한 특수 원단을 활용해 자주 세탁해도 변형이 거의 없고 빠르게 마르며 몸에 부드럽게 감기는 착용감으로 유명합니다. 특히 대표 제품인 레깅스는 "입는 순간 운동이 더 잘 되는 느낌"이라는 찬사를 받을 정도입니다. 세련된 디자인 덕분에 애슬레저룩으로도 사랑받으며, '비싸지만 그만한 가치가 있다'는 브랜드 이미지를 공고히 하고 있어요.

처음에는 여성 전용 브랜드로 시작했지만, 이제 남성 라인까지 확장되었어요. 레깅스나 운동복뿐 아니라 면바지, 폴로 셔츠, 와이셔츠, 심플한 블레이저까지 일상복으로도 손색없는 아이템들을 갖추고 있죠.

전반적으로 유행에 휘둘리지 않는 깔끔하고 실용적인 디자인이 특징이에요. 활동성과 스타일을 모두 고려한 룰루레몬 제품은 운동 후에도, 출근길에도 자연스럽게 어울립니다. 참고로, 남녀 모두 입을 수 있는 정장 느낌의 자켓은 blazer, 좀 더 캐주얼한 남성 자켓은 sport jacket 또는 sport coat 라고 불러요.

룰루레몬의 인기 제품, 레깅스와 스포츠 브라

룰루레몬의 대표 상품인 레깅스는 입소문만으로도 유명세를 탄 아이템이에요. 뛰어난 착용감과 라인 보정 효과 덕분에 "한 번 입으면 다른 레깅스는 못 입는다"는 평도 많죠. 사이즈는 0부터 14까지, 한국 사이즈로는 XXS부터 XXXL까지 폭넓게 구성되어 있어요. 미국 여성복 사이즈는 보통 짝수 단위로 표기되며, 예를 들어 한국의 S는 미국 기준 4, M은 6 정도로 보면 됩니다. 한국에서는 사이즈 제약 때문에 옷 고르기가 쉽지 않았던 분들도 미국 매장에서는 훨씬 편하게 쇼핑할 수 있을 거예요. 또한, 매장 내에는 깔끔하고 여유 있는 피팅룸도 마련되어 있어 착용감과 핏을 직접 확인한 후 천천히 고를 수 있습니다.

룰루레몬에서 레깅스만큼 인기 있는 또 다른 아이템은 바로 스포츠 브라예요. 평소 일반 브라가 운동 중에는 불편했다면, 움직임을 안정적으로 잡아주는 스포츠 브라가 훌륭한 대안이 될 수 있어요. 룰루레몬 매장에서는 운동 강도에 따라 세 가지 타입으로 스포츠 브라를 진열해두고 있어요. 요가나 스트레칭엔 Light support, 헬스, 필라테스처럼 중간 강도의 운동엔 Medium support, 러닝, 하이킥, 점프 등 격한 움직임엔 High support을 입어보세요. 기능성은 물론, 디자인도 훌륭해서 크롭탑처럼 단독 착용이 가능한 제품도 있어요. 운동복과 일상복 사이의 경계를 허문 룰루레몬답게 하나만 입어도 자연스럽고 멋스럽게 연출됩니다. 참고로, 빅토리아 시크릿에서도 스포츠 브라를 판매하고 있지만, 가격대는 룰루레몬과 비슷한 편이에요. 그렇다면 결국, 스타일과 기능을 모두 갖춘 룰루레몬 쪽에 손이 더

자주 가지 않을까요?

룰루레몬에서는 운동복 외에도 다양한 일상복과 액세서리도 함께 판매합니다. 모자, 가방, 파우치, 보온병, 머리끈, 키체인, 카드지갑 등을 볼 수 있는데 일부 매장에서는 무슬림 여성을 위한 히잡도 볼 수 있어요.

레깅스 추천받아 구입하기

만약 룰루레몬을 처음 방문한다면 레깅스의 종류가 다양해서 어떤 걸 골라야 할지 고민될 수 있어요. 직원에게 도움을 청해서 고가인만큼 마음에 꼭 드는 레깅스를 구매하세요.

★★★★★

Customer	I'm looking for leggings, but I'm not sure which style I should pick. There are a lot of options.
손님	레깅스를 찾고 있는데요, 어떤 스타일을 골라야 할지 모르겠어요. 종류가 많네요.
Employee	No problem. Are you looking for something more suited to high-intensity workouts, yoga, or everyday wear?
점원	문제 없어요. 격렬한 운동을 하시나요, 아니면 요가, 혹은 평상복으로 입으실 용도인가요?
Customer	I usually take exercise classes. I also wear leggings outside occasionally.
손님	저는 주로 운동 수업을 들어요. 가끔 레깅스를 입고 밖에 나가기도 하고요.
Employee	Then I recommend the Align leggings. They're super soft and almost weightless. Perfect for yoga and casual wear.

점원	If you take high-intensity workout classes, the Wunder Train leggings are better.
	그러면 얼라인 레깅스를 추천드릴게요. 엄청 부드럽고, 거의 안 입은 것 같거든요. 요가와 일상생활용으로 좋아요. 만약에 격렬한 운동을 하는 수업을 들으신다면 원더 트레인 레깅스가 더 잘 맞을 거예요.
Customer	Do you have leggings for tall people?
손님	키 큰 사람을 위한 레깅스도 있나요?
Employee	Of course! We have 23, 25, 28 and 31 inch lengths.
점원	그럼요. 23, 25, 28, 31인치 길이가 있어요.
Customer	Great. I think I'm either 28 or 31. Not sure.
손님	좋네요. 저는 28 혹은 31일 것 같은데요. 확실하진 않아요.
Employee	We have fitting rooms over there. You can try on as many leggings as you want.
점원	저쪽에 탈의실이 있어요. 원하시는 만큼 입어봐도 괜찮아요.
Customer	Wonderful. Thank you so much for helping me out.
손님	좋아요. 도와주셔서 감사합니다.
Employee	Of course. If you need anything else, let me know.
직원	당연한 걸요. 더 필요한 게 있으면 말씀해 주세요.

종이책 냄새가 매력적인 1위 서점

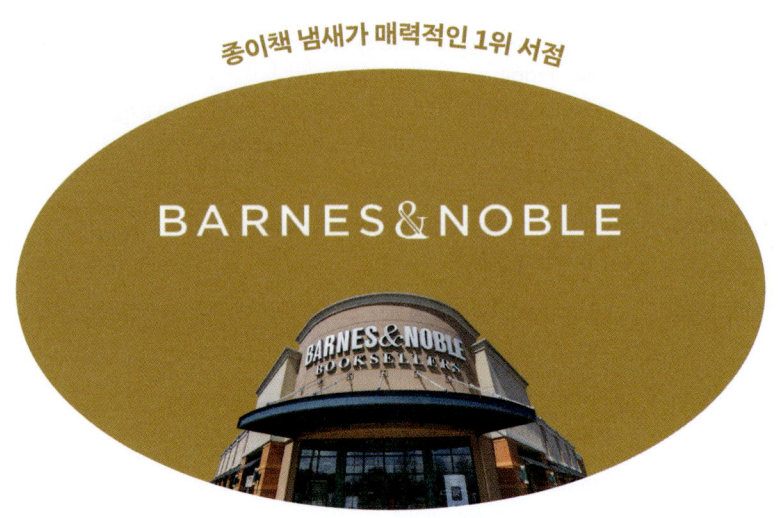

디지털 시대가 되면서 종이책 대신 전자책을 이용하는 사람이 점점 늘고 있어요. 요즘은 도서관에서도 이북(eBook)을 대여할 수 있고, 종이책이 필요해도 대부분 온라인으로 주문하죠. 이런 흐름 속에서 많은 오프라인 서점들이 문을 닫고 있지만, 여전히 건재한 곳이 있습니다. 미국 최대 규모의 서점 체인 반스 앤 노블이 그중 하나예요. 2025년 기준, 반스 앤 노블은 미국 전역에 650개 넘는 매장을 운영하고 있고, 모든 주에 반스 앤 노블이 있습니다.

반스 앤 노블의 온·오프라인 서점에서는 매년 약 1억 9천만 권의 종이책이 팔려요. 참고로 미국에서는 종이책을 paper book보다 physical book이라고 더 자주 말해요. 말 그대로 물리적 형태가 있는 책이라는 뜻이죠. 전

자책은 이북(eBook)이라고 부르고요. 평소에 이북으로 편하게 읽다가, 좋아하는 작품은 종이책으로 소장하는 사람들이 많습니다. 그래서 반스 앤 노블에서는 유명 작품을 양장본으로 자체 제작해 판매하기도 해요. 고급스럽고 예쁜 디자인 덕분에 이미 갖고 있는 책이라도 또 사고 싶어져요.

이 서점은 오프라인 공간이 특히 매력적이에요. 반스 앤 노블의 옛 회장 레오나드 리지오(Leonard Riggio)는 사람들이 서점에 오래 머물수록 책을 더 많이 살 거라는 믿음을 가지고 있었어요. 그의 철학을 반영해서 매장 곳곳에는 편하게 앉아서 책을 읽을 수 있는 의자가 있고, 화장실도 넓고 깔끔해요. 꼭 책을 사지 않아도 누구나 쾌적하게 머무를 수 있는 공간입니다.

남녀노소 모두의 취향을 저격하는 곳

서점에는 종이책을 좋아하는 사람이라면 누구나 반가워할 책 냄새가 가득하고, 나무 책장에 책이 빼곡히 꽂혀 있어 도서관처럼 조용하고 따뜻한 분위기예요. 책뿐만 아니라 장난감, 보드게임, 캐릭터 인형, 문구 등 상품도 판매해요. 계산대 근처에는 카드나 문구류, 작은 음반 코너도 마련돼 있어요. 그중 책갈피는 디자인이 예쁘고 가격도 부담 없어서, 책을 좋아하는 사람에게 선물하기 딱 좋습니다.

반스 앤 노블의 어린이 책 코너에는 그림책과 함께 관련 캐릭터 인형이 나란히 진열되어 있어, 세트로 사고 싶어지게 만들어요. 매주 아이들을 위한 스토리 타임 행사도 열려요. 이 시간에 맞춰 아이의 손을 잡고 서점을 찾는

동네 주민들을 볼 수 있습니다. 어릴 때부터 서점에 익숙해진 아이들은 커서도 자연스럽게 책을 가까이하게 되고, 반스 앤 노블은 그렇게 평생 고객을 하나둘 만들어가는 셈이죠.

성인의 '덕심'을 저격하는 책 관련 굿즈도 많아요. 가격은 비싼 편이지만 한국에서는 보기 어려운 제품들이 많아 구매욕을 자극합니다. 한국에서는 어른이 '덕질'하는 걸 다소 부정적으로 보는 시선이 있지만, 미국에서는 개인의 취향을 존중하는 분위기가 더 강해요. 예를 들어, 성인 남성이 스타 워즈 양말을 신고 있으면, '어른이 돼 가지고 왜 그런 양말을 신냐?'라는 반응보다는 "멋진 양말이에요! 저도 스타 워즈 좋아해요!"라고 말해주는 경우가 많아요. 이런 문화 덕분에 반스 앤 노블 같은 대형 서점에는 '크리스마스의 악몽', '이상한 나라의 앨리스'처럼 인기 작품을 테마로 한 어른용 디자인 제품이 많이 나와요.

추천받아 조카를 위한 그림책과 인형 사기

반스 앤 노블은 책을 장르별로 아주 세분화해서 잘 정리해 놓은 서점이에요. 그런데 분류가 너무 촘촘하다 보니, 오히려 처음 방문한 사람은 어디에 어떤 책이 있는지 찾기 어려울 수도 있어요. 이럴 땐 직원에게 도움을 요청하면 매우 친절하게 안내해 줘요. 선물로 어떤 걸 고를지 고민될 때에도, 직원에게 추천을 받아보는 것도 좋은 방법입니다. 조카를 위한 기념품을 추천받는 대화를 볼게요.

★★★★★　　　　　　　　　　　55.mp3

Customer	I'm looking for a gift for my niece. Do you have a matching book and plush toy?
손님	조카에게 줄 선물을 찾고 있어요. 책과 인형 세트가 있나요?
Employee	Absolutely. Do you have a particular theme or character in mind?
점원	그럼요. 특별히 생각하는 주제나 캐릭터가 있나요?
Customer	Not specifically, but she loves nature and animals.
손님	그렇진 않아요. 그런데 조카는 자연과 동물을 좋아해요.
Employee	I see. Let me show you a few options. We have 'Guess How Much I Love You' which comes with a plush bunny. It's a cute story about a father and child rabbit.
점원	그렇군요. 몇 가지 보여드릴게요. '내가 아빠를 얼마나 사랑하는지 아세요?' 그림책과 토끼 인형이 있어요. 아빠와 아이 토끼에 관한 귀여운 이야기예요.
Customer	It's adorable! But it's about a father and a child. I'm her aunt. What else do you have?
손님	정말 귀엽네요. 그런데 아빠와 아이 이야기잖아요. 저는 이모예요. 다른 건 또 뭐가 있나요?
Employee	Another popular choice is 'The Very Hungry Caterpillar' and we have a plush caterpillar that matches the book. It's a classic and kids love it.
점원	또 인기 있는 건 '배고픈 애벌레'예요. 애벌레 인형도 같이 판답니다. 고전 작품이고 아이들이 굉장히 좋아해요.
Customer	It sounds perfect. I think I'll go with 'The Very Hungry Caterpillar' set. My niece loves colorful illustrations.
손님	완벽해요. '배고픈 애벌레' 세트로 할게요. 조카가 알록달록한 그림을 좋아하거든요.
Employee	Great choice! Is there anything else I can help you with?
점원	좋은 선택이에요. 또 도와드릴 것이 있나요?
Customer	That's all. Thank you so much for your help.

손님	그게 전부예요. 도와주셔서 감사합니다.
Employee	**You're welcome! If you need any more assistance or have any questions, feel free to ask.**
점원	천만에요. 도움이 더 필요하시거나 궁금한 점이 있으면 언제든지 물어보세요.

책 그 이상의 트렌드를 파는 서점

북스 어 밀리언은 반스 앤 노블에 이어 미국에서 두 번째로 큰 오프라인 서점이에요. 2025년 기준으로 32개 주에 약 260개의 오프라인 매장이 있지만, 나머지 18개 주에는 매장이 없어 온라인 서점으로만 알고 있는 사람들도 있습니다.

참고로 실제 공간이 있는 오프라인 매장은 영어로 brick and mortar라고 해요. '벽돌과 모르타르(시멘트에 모래, 물 등을 섞어서 만드는 건축 재료)'라는 뜻인데, 과거에는 이런 재료로 건물을 지었기 때문에 지금도 오프라인 매장을 이렇게 표현합니다.

2012년부터 CEO를 맡고 있는 테런스 핀리(Terrance Finley)는 북스 어 밀리언이 단순히 책만 파는 곳이 아니라, 선물도 함께 살 수 있는 공간이라고 말한 바 있어요. '책 그 이상'을 판매하는 곳으로, 일반적인 서점과 차별화를 시도한 것이죠.

이러한 콘셉트 덕분에 북스 어 밀리언은 서점인 동시 팝 컬처 편집숍 역할도 합니다. 인기 있는 드라마, 영화, 만화 관련 굿즈를 따로 모아 코너를 구성해 두어서, 최근 어떤 콘텐츠가 인기 있는지 트렌드를 파악할 수 있어요.

아이들을 위한 장난감은 물론이고, 어른을 위한 캐릭터 제품도 팔아요. 해리 포터, 스타 워즈 등 미국에서 꾸준히 사랑받는 콘텐츠는 물론, 미국에서 인기 있는 일본 만화와 애니메이션 관련 상품도 많아서 구경하는 재미가 있어요. 참고로 일본 만화는 영어로 manga, 일본 애니메이션은 anime라고 합니다.

모두를 위한 따뜻한 휴식처

반스 앤 노블은 도서관처럼 사방에 커다란 책장을 진열해 둬서, 누군가에게는 조금 답답하게 느껴질 수 있어요. 반면 북스 어 밀리언은 높은 책장은 벽 쪽에만 배치하고, 매장 중앙에는 성인 키 정도의 낮은 책장을 두어 전체 공간이 한눈에 들어옵니다. 덕분에 매장이 훨씬 탁 트여 보이고, 원하는 코너를 쉽게 찾을 수 있어요.

북스 어 밀리언은 아이들과 함께 가기에도 좋은 공간이에요. '키즈 어 밀리언(Kid-A-Million)'이라는 이름의 어린이 전용 구역이 따로 있거든요. 책과 장난감이 함께 있어서 아이들에게는 그야말로 꿈같은 공간이죠. 주변에게 방해가 되지 않는 선이라면 아이들이 그림책을 펼쳐 봐도 눈치 주는 사람은

없고, 실제로 구석에 앉아 함께 책을 읽는 부모와 아이의 모습을 종종 볼 수 있습니다.

북스 어 밀리언 역시 책 외에도 선물을 고르기 좋은 장소예요. 아이 선물부터 성인 취향의 굿즈까지 다양한 선택지가 있죠. 보드게임, 캐릭터 양말, 액세서리, 귀여운 가방, 문구, 초콜릿 등 보기만 해도 기분 좋아지는 아기자기한 물건들이 가득합니다. 가격은 비싸지만, 투박하고 실용성을 중시하는 미국 디자인에 익숙해져 있다면, 북스 어 밀리언에서는 확실히 눈이 즐거운 느낌이 들어요.

매장 안에는 카페나 아이스크림 가게가 함께 있어요. 책 한 권 들고 커피를 마시거나, 더운 날엔 시원한 간식을 즐기며 실내에서 잠시 쉬어가기에도 좋은 공간입니다.

해리 포터 캐릭터 제품 구매하기

북스 어 밀리언에는 스타 워즈, 해리 포터 관련 굿즈가 다양하게 있어요. 해당 작품의 팬이라면 매장에 마음에 드는 제품이 있는지 찾아보세요. 도움이 필요하면 점원이 친절하게 안내해 줄 거예요. 해리포터 굿즈를 도움받아 사는 대화를 볼게요.

★★★★★ 56.mp3

Customer / 손님
Hi! I'm looking for Harry Potter items. Do you have any?
안녕하세요. 해리 포터 관련 물건을 찾고 있어요. 있나요?

Employee / 점원
Absolutely! We have a section dedicated to Harry Potter. I'll show you.
그럼요! 해리 포터 코너가 따로 있어요. 보여 드릴게요.

Customer / 손님
Wow. I'd like to get a mug, but I don't see it here.
와! 머그컵을 사고 싶은데 안 보이네요.

Employee / 점원
Let me check if we have any mugs in stock.
머그컵 재고가 있는지 확인해드릴게요.

Customer / 손님
Thank you.
감사합니다.

Employee / 점원
I found some. We have different designs. Please have a look.
몇 개 찾았어요. 디자인이 여러 가지네요. 한 번 보세요.

Customer / 손님
I love this mug.
이 머그컵이 아주 마음에 들어요.

Employee / 점원
Great! Is there anything else I can help you with?
잘됐네요. 또 도와드릴 게 있나요?

Customer / 손님
That's all for now. Thank you.
지금은 그게 전부예요. 감사합니다.

전 세계에서 가장 인기 있는 장난감을 꼽자면 레고가 빠지지 않을 거예요. 해마다 약 600억 개의 블록이 생산되고, 연간 약 2억 개의 레고 세트가 팔린다고 해요. 초당 7개씩 판매되는 셈이죠.
레고는 덴마크에서 탄생했지만, 가장 많이 팔리는 나라는 미국입니다. 미국에서는 남녀노소 누구나 레고를 좋아하고, 특히 생일이나 크리스마스 선물로 인기 만점이에요. 생일 파티에 초대받으면 보통 어떤 선물을 사야 할지 물어보는데, 추천 리스트에는 거의 항상 레고가 들어 있어요.

미국에서는 11월부터 크리스마스 선물용 제품들이 나오기 시작해요. 이 시즌에는 초당 28개의 레고 세트가 팔릴 정도로 엄청난 인기를 자랑하죠. 레고 어드벤트 캘린더도 많은 사람들이 찾는데요, 12월 1일부터 크리스마스

이브까지 하루에 하나씩 포장을 열어 그날의 레고를 조립하는 방식이에요. 저희 가족도 모두 레고를 좋아해서, 매년 돌아가며 하루씩 열어보는 재미 덕분에 연말이 더 따뜻하고 특별하게 느껴진답니다.

레고를 갖고 놀아 본 사람이라면, 한 번쯤 맨발로 블록을 밟은 경험이 있을 거예요. 정말 아프죠. 그래서 영어에는 'lego fire walk'라는 표현이 있어요. 원래 fire walk는 불 위를 걷는 묘기를 뜻하는데, 레고 조각을 맨발로 밟는 고통이 그에 못지않기 때문에 생긴 챌린지예요. 실제로 맨발로 레고 블록 위를 무려 8.89km나 걸은 기네스 기록도 있습니다.

매장에서 직접 즐기는 레고의 세계
레고는 단순한 캐릭터 장난감에 그치지 않아요. 인기 TV 프로그램이나 영

화 속 캐릭터는 물론이고, 에펠탑, 중세 건축물, 꽃과 식물 등 다양한 테마가 있어 구경하는 재미가 쏠쏠합니다. 특히 미국에는 한국에 없는 모델을 다양하게 팔고 있어서 많은 레고 팬들이 온라인으로 해외 직구를 시도해요. 레고 미국 공식 홈페이지에서는 직구 할 때 많이 사용하는 배송대행지로의 배송이 막혀 있어 아마존 같은 쇼핑몰을 통해 구매하는 방법을 많이 사용합니다.

오프라인 레고 스토어에 가면 온라인 쇼핑과는 또 다른 재미를 느낄 수 있어요. 1살 반부터 조립할 수 있는 듀플로(Duplo) 시리즈부터, 성인을 위한 고난이도 세트까지 다양하게 있어서, 아이부터 어른까지 누구나 즐길 수 있는 것이 레고의 매력이죠. 예를 들어 7,541개의 블록으로 구성된 스타워

즈 '밀레니엄 팔콘' 세트는 조립하는 데만 1~2주 정도가 걸린다고 합니다.

일반 쇼핑몰 안에 있는 레고 매장도 좋지만, 플로리다 올랜도 디즈니 월드 근처의 '디즈니 스프링스 레고 스토어'는 규모가 압도적입니다. 일부러 먼 거리를 운전해서 찾아갈 정도는 아니지만, 디즈니 월드나 그 주변으로 여행할 계획이 있다면 들러 보세요. 레고 팬이라면 즐거운 시간을 보낼 수 있을 거예요.

레고의 단점은 가격대가 높다는 거예요. 조금 근사해 보이는 세트는 10만 원이 훌쩍 넘을 정도죠. 하지만 구입해서 조립해 보면, 정교한 설계와 높은 완성도에 감탄하게 됩니다. 미국에는 상대적으로 저렴한 유사 제품이 많지만, 가격만 보고 샀다가 블록의 품질이 떨어져 몇 번 실망하고 나면, 다시 레고에 충성하게 됩니다.

누락된 조각이 있을 때 문의하기

레고를 조립하다 보면 간혹 조각이 빠져 있는 경우가 있어요. 이런 상황에서는 매장에서 새 제품으로 교환받을 수 있습니다.

★★★★★

Customer	Hi. I bought a LEGO set yesterday. There are missing pieces.
손님	안녕하세요. 어제 레고 세트를 샀는데요. 누락된 조각이 있어요.
Employee	Oh no, I'm sorry to hear that! Do you happen to have the set with you or know the set number?
점원	아, 죄송합니다! 혹시 레고 세트를 가지고 오셨거나, 세트 시리얼 번호를 알고 계신가요?
Customer	Yes, I brought it with me. It's 12345.
손님	네. 가져왔어요. 12345입니다.
Employee	Got it. We can send the missing pieces to your address for free.
점원	알겠습니다. 누락된 조각을 무료로 보내드릴 수 있어요.
Customer	I'm visiting from overseas. I'll be leaving soon. I can't get any mail.
손님	제가 해외에서 방문하는 거라, 곧 떠날 거예요. 우편을 받을 수가 없어요.
Employee	I see. Since you brought the set, we can exchange the set for a new one right here in the store.
점원	그렇군요. 세트를 가져오셨으니 가게에서 새 제품으로 바꿔드릴 수 있어요.
Customer	That will work.
손님	그러면 되겠네요.
Employee	There you go.
점원	여기 있습니다.
Customer	Thank you so much for helping with this.
손님	도와주셔서 정말 감사합니다.
Employee	You're very welcome. Enjoy building your set.
점원	별말씀을요. 레고 조립하면서 즐거운 시간 보내세요.

미국에 살다 보면 한국과는 전혀 다른 술 문화를 실감하게 됩니다. 미국은 한국보다 주류 관련 법이 훨씬 엄격한데요, 대부분의 지역에서는 길거리에서 술을 마시는 것이 불법이고, 공공장소에서 술병을 드러내는 것만으로도 처벌받을 수 있어요. 이를 모르고 술병을 들고 걷다가 경찰에 붙잡히는 여행객도 있으니 주의가 필요합니다. 술을 구입한 후 운전해서 갈 때도 옆자리에 두지 말고 꼭 트렁크에 넣도록 하세요.

한국에서는 24시간 언제든 술을 살 수 있지만, 미국은 지역과 시간대에 따라 술 판매가 제한되는 경우가 있어요. 예를 들어 제가 사는 곳은 자정부터 아침 7시까지는 24시간 편의점에서도 술을 살 수 없습니다. 법적으로 이 시간대에는 판매가 금지되어 있기 때문이죠. 또 저희 동네는 일요일에도 주류

가게가 열지만, 10분쯤 떨어진 옆 도시에서는 일요일에는 아예 술을 팔지 않고, 1시간 거리의 다른 지역은 일요일 오전에는 판매가 제한돼요.

술 판매 자체가 금지된 지역도 있는데, 이런 곳은 드라이 카운티(dry county)라고 부릅니다. 여기서 dry는 '마른'이라는 뜻 외에도 '술이 없는'이라는 의미로 쓰이고, county는 미국의 행정 구역 단위로, 한국의 '도'보다는 작고 '도시'보다는 큰 개념이에요. 드라이 카운티에 사는 사람들은 아예 술을 마시지 않거나, 가까운 다른 카운티로 가서 술을 사 오기도 합니다.
이런 제약에도 불구하고, 미국은 술을 즐기기에 좋은 나라입니다. 주류세가 한국보다 낮고, 세계 각국의 다양한 술이 유통되기 때문에 선택의 폭이 매우 넓어요.

술을 좋아한다면 토탈 와인 앤 모어에 꼭 들러보세요. 한국 마트만한 규

모의 매장 전체가 술로 가득 차 있어서 구경만 해도 재미있어요. 이곳에서는 무려 8,000종의 와인, 2,500종의 맥주, 3,000종의 증류주를 판매하고 있어요. 상상 가능한 거의 모든 술은 물론이고, 상상조차 못 해본 신기한 제품들도 많습니다. 럼, 보드카, 위스키 같은 양주는 오리지널 제품은 기본이고, 파인애플이나 크림, 꿀 등 다양한 맛이 들어간 이색 버전도 판매되고 있어요.

미국에는 9,000개가 넘는 맥주 양조장(brewery)이 있어 지역마다 판매하는 맥주가 다르고, 어떤 맥주는 특정 지역에서만 구할 수 있기도 해요. 토탈 와인 앤 모어에서는 전국 각지의 맥주를 한자리에서 만나볼 수 있는 게 큰 장점이에요. 대부분의 맥주는 4개 또는 6개씩 묶음으로 팔지만, 낱개로 판

매하는 코너도 있어서 궁금한 제품을 하나씩 골라볼 수도 있어요. 하나하나 구경하다 보면 시간 가는 줄 모를 거예요.

술뿐만 아니라 관련 상품까지 한자리에

토탈 와인 앤 모어에서는 매주 무료 시음 행사가 열립니다. 특정 시간대에 매장에서 와인, 위스키, 시즌 한정 제품 등을 마셔볼 수 있어요. 다만 매장마다 운영 시간이 달라 공식 웹사이트에서 확인하긴 어렵고, 보통 매대 근처에 시음 시간 안내가 붙어 있어요. 방문 전에 전화로 확인하거나 직원에게 직접 물어봐도 됩니다.

시음은 무제한으로 제공되지는 않으며, 담당 직원이 분위기를 봐가며 적절한 양을 따라줍니다. 특히 운전해야 할 경우에는 꼭 주의하세요.

이곳에는 술 외에도 안주 코너가 마련돼 있어요. 와인에 어울리는 치즈와 크래커는 물론, 맥주 안주로 좋은 견과류, 감자칩, 육포 같은 간단한 요깃거리도 함께 살 수 있어요. 칵테일용 믹서, 토닉워터, 시럽부터 분위기를 살려줄 예쁜 술잔과 바 도구까지 한자리에 모여 있어, 말 그대로 술에 관한 모든 것을 한 곳에서 해결할 수 있는 올인원 매장입니다.

둘러보는 재미가 쏠쏠한 미니어처 병 코너도 놓치지 마세요. 'So mini options'이라는 유쾌한 문구 아래 다양한 샘플 사이즈 술이 진열돼 있는데요, 이는 'So many options(선택지가 너무 많다)'를 재치 있게 바꾼 말장난입니다. 작고 앙증맞은 미니 병들을 구경하다 보면, 어느새 장바구니에 몇 개쯤 담고 있는 자신을 발견하게 될지도 몰라요.

추가로 토탈 와인 앤 모어에서는 복분자주 같은 한국 전통주나, 한국에 없는 다양한 맛의 과일 소주도 판매하고 있어요. 한국산 숙취 해소제도 있고요. 미국에서 이런 한국 제품을 마주할 때면 뿌듯하고 반가운 마음이 듭니다.

술 시음해 보고 구입하기

시음 행사가 있을 때 매장을 방문하면, 직접 마셔 보고 마음에 드는 술을 구매할 수 있어서 좋아요. 신분증을 꼭 챙기는 것도 잊지 마세요. 미국에서는 한국인이 어려 보이는 경우가 많아서, 저처럼 40대여도 시음 매대나 계산대에서 신분증을 요구받곤 해요. 신분증이 없으면 술을 구매하지 못해요.

★★★★★

Customer 손님	Hi. May I try the blackberry wine? 안녕하세요. 블랙베리 와인을 마셔 볼 수 있을까요?
Employee 점원	I'll have to check your ID first. 신분증 먼저 확인할게요.
Customer 손님	Sure. Here it is. 알겠어요. 여기요.
	(직원이 신분증 확인 후 와인 샘플을 준다)
Employee 점원	How is it? 어떤가요?
Customer 손님	This is so good. 이거 진짜 맛있네요.
Employee 점원	I'm glad you like it. 마음에 든다니 기쁘네요.
Customer 손님	I also want to try the cookie dough whiskey. 쿠키 도우 위스키도 맛보고 싶어요.
Employee 점원	Sure. 알겠습니다.
Customer 손님	Oh, it's yummy. I'll get the wine and whiskey. 오, 맛있네요. 와인이랑 위스키 살게요.
Employee 점원	Great. There you are. 네. 여기 있어요.
Customer 손님	Thanks. 감사합니다.

알쏭달쏭 미국의 팁 문화

Q 팁, 꼭 내야 할까요? 어느 정도가 적당할까요?

A 미국에서 식당에 가면 팁을 내야 한다는데, "얼마를 내면 되지?"라는 의문이 생깁니다. 블로그나 유튜브를 찾아보아도 설명이 조금씩 달라 헷갈리기도 하죠. 미국 생활 12년 차인 제가 자세히 알려드릴 게요.

대부분의 미국 식당에서는 들어가자마자 마음대로 앉으면 안 됩니다. 서버마다 담당 구역이 있기 때문에 안내 직원이 올 때까지 기다려야 해요. 그래서 식당 입구에는 보통 'Please wait to be seated.' (자리를 안내받을 때까지 기다려주세요)라는 문구가 붙어 있습니다. 자유롭게 앉을 수 있는 곳도 있는데요. 이때는 직원이 "Please sit wherever you want." (원하는 곳에 앉으세요) 라고 말해줍니다.

자리에 앉으면 서버가 주문을 받고 음식을 가져다줍니다. **손님은 서비스를 받았으므로 팁을 내야 합니다. 18~20% 정도가 일반적이에요.** 서비스가 별로였다면 15%, 후하게 주고 싶다면 25% 이상도 괜찮습니다. 저는 계산하기 편해서 보통 20%를 줍니다.

미국 서버들은 팁을 받을 것을 전제로 최저 시급이 낮게 책정돼 있습니다. 주마다 다르지만, 제가 사는 플로리다주의 2025년 기준 법정 최저 시급은 13달러, 팁을 받는 직종의 경우 10.98달러예요. 시간당 약 2.02달러(한화 약 2,800원) 적게 받는 셈이죠. "왜 손님이 직원 월급을 보태야 하나?"라고 불평할 수도 있지만, 현재 시스템이 그렇기 때문에 바뀌기 전까지는 따라야 합니다. 싫다면 외식을 하지 않거나, 팁을 안 내도 되는 식당을 이용하면 됩니다. (뒤에서 설명드릴게요.)

한국에는 팁 문화가 없어서, 미국 내 한국 식당에서도 팁을 안 내도 된다고 생각하는 경우가 있습니다. 하지만 '로마에 가면 로마법을 따르라'는 말처럼, 한식당이라도 미국에 있다면 현지 문화에 따라 팁을 내야 합니다. 많은 식당은 손님 편의를 위해 영수증에 '18%는 얼마, 20%는 얼마'처럼 팁 금액을 미리 계산해 보여주기도 합니다.

Q 팁과 세일즈 텍스는 다른 걸까요?

A 미국은 한국과 달리 세일즈 텍스(sales tax)가 별도로 부과됩니다. 한국에서는 표시된 가격에 이미 10% 부가세가 포함돼 있지만, 미국에서는 표시 가격에 세일즈 텍스가 더해져 실제 지불 금액이 늘어납니다. 세율은 주나 지역마다 다르며, 제가 사는 곳은 7%입니다.

예를 들어 음식 값이 20달러라면, 세일즈 텍스 7%가 붙어 최종 금액은 21.4달러가 됩니다. 팁은 원칙적으로 음식 값(20달러)을 기준으로 계산합니다. 따라서 20% 팁은 4달러가 되죠. 그러나 일부 식당에서는 세일즈 텍스가 붙은 후 금액을 기준으로 팁을 계산해, 20% 팁을 4.28달러로 안내하기도 합니다. 차이는 크지 않지만 손님 입장에서는 기분이 좋지 않을 수 있습니다. 저는 음식 값 기준으로 팁을 계산해 지불합니다.

Q 팁을 적게 주면 눈치가 보이는데요?

A 어떤 식당은 계산서에 팁을 20%부터 시작해 23%, 25% 넘게 적어 놓기도 합니다. 그러면 더 많이 내야 할 것 같은 압박을 느끼게 되죠. 하지만 **소신껏 내시면 됩니다.** 또한 종이 영수증을 주지 않고 카드 단말기를 들고 와서, 화면에서 바로 팁을 선택하게 하는 경우도 있습니다. **적은 팁을 고르기 눈치 보이는 상황인데요.** 이럴 때는 'custom(직접 입력)'이나 'other(기타)' 버튼을 눌러 원하는 금액을

입력하면 됩니다.

여러 명(보통 5~6명 이상)이 그룹으로 방문할 경우, 식당에서 팁을 포함시켜 계산서를 주는 경우가 흔합니다. 보통 18~20%가 붙는데, 메뉴판에 안내문이 있으니 꼭 확인해야 합니다. 모르면 팁을 두 번 내게 되니까요. 특히 관광객이 많은 마이애미 같은 일부 지역에서는 인원수와 관계없이 계산서에 팁이 포함되기도 합니다. 이는 팁 문화에 익숙하지 않은 관광객들이 팁을 내지 않고 떠나는 것을 방지하기 위한 조치 같은데요. 따라서 계산서에 'Tip'이나 'Gratuity'가 포함되어 있는지 반드시 확인하세요. 둘 다 팁이라는 의미입니다.

Q 패스트푸드점에서도 팁을 내야 할까요?

A **팁은 내가 받은 서비스에 대한 대가이므로, 셀프 서비스인 경우 팁을 내지 않아도 됩니다. 대표적인 예가 패스트푸드점입니다. 카운터에서 주문하고 직접 받아가는 곳에서는 팁이 선택 사항입니다.** 개인이 운영하는 셀프 서비스 식당에서는 결제 시 단말기에 팁 선택 화면이 뜨는 경우가 흔합니다. 이럴 때는 'skip(건너뛰기)', 'no(아니오)' 버튼을 눌러도 됩니다. 물론 자발적으로 줄 수도 있습니다. 저는 점원에게 재료나 메뉴에 대해 친절하게 설명을 받았을 때 감사의 의미로 1달러 정도 줍니다. 셀프 서비스지만 매장에서 앉아 먹을 경우에는 '자리값' 느낌으로 1달러를 내기도 해요.

일반 식당에서 포장을 해 갈 때도 팁을 낼 필요가 없습니다. 테이블에서 서비스를 받지 않았으니까요. 팁을 요구하는 옵션이 떠도 꿋꿋하게 'skip / no / $0'를 선택해도 됩니다. 다만, 어떤 사람들은 "팁을 안 주면 내 음식에 침이라도 뱉는 거 아닐까?" 하고 걱정하기도 합니다. 이런 불안이 크다면 1~2달러 정도를 주는 것도 방법입니다. 직원의 태도가 불량해서 염려가 된다면 그 가게에는 다시 가지 않는 게 좋겠죠.